王显诏集

孔令彬 整理

上海大学出版社
·上海·

图书在版编目(CIP)数据

王显诏集 / 孔令彬整理. —上海：上海大学出版社，2023.12
ISBN 978-7-5671-4900-7

Ⅰ.①王… Ⅱ.①孔… Ⅲ.①王显诏—文集 Ⅳ.①Z427

中国国家版本馆 CIP 数据核字(2023)第 246458 号

责任编辑　邹西礼
封面设计　柯国富
技术编辑　金　鑫　钱宇坤

王显诏集

孔令彬　整理

上海大学出版社出版发行
(上海市上大路 99 号　邮政编码 200444)
(https://www.shupress.cn　发行热线 021-66135112)
出版人　戴骏豪

*

南京展望文化发展有限公司排版
江苏凤凰数码印务有限公司印刷　各地新华书店经销
开本 710mm×1000mm　1/16　印张 15.25　字数 219 千
2023 年 12 月第 1 版　2023 年 12 月第 1 次印刷
ISBN 978-7-5671-4900-7/Z·100　定价　58.00 元

版权所有　侵权必究
如发现本书有印装质量问题请与印刷厂质量科联系
联系电话：025-57718474

作者中年像(1949年中华人民共和国成立时摄)　　　作者晚年像

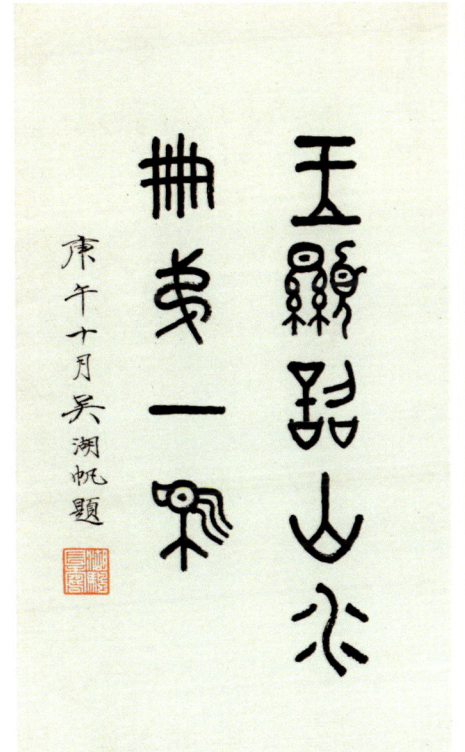
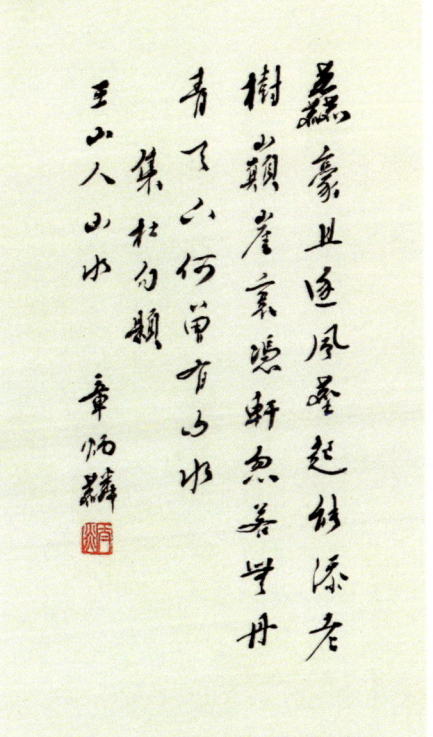

吴湖帆为王显诏山水册题签　　　章太炎为王显诏山水画作题诗

王显诏画作

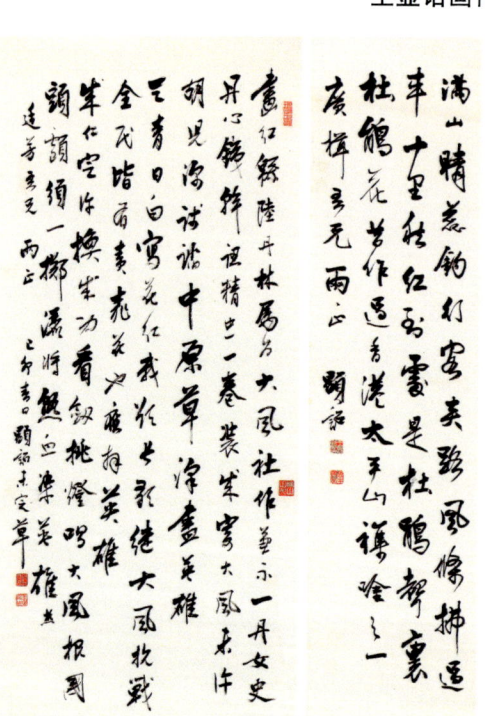

王显诏书法作品　　　　王显诏手札

《王显诏铁笔》封面

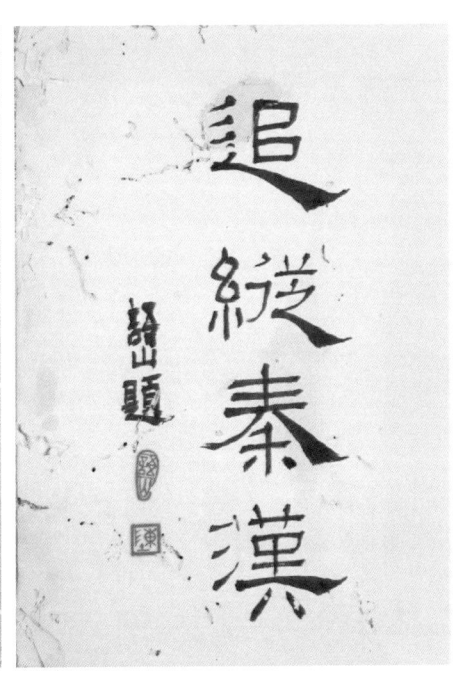

陈语山为《王显诏铁笔》题词

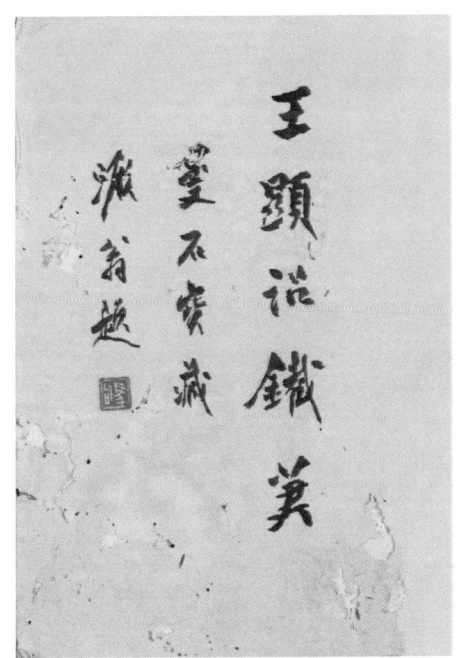

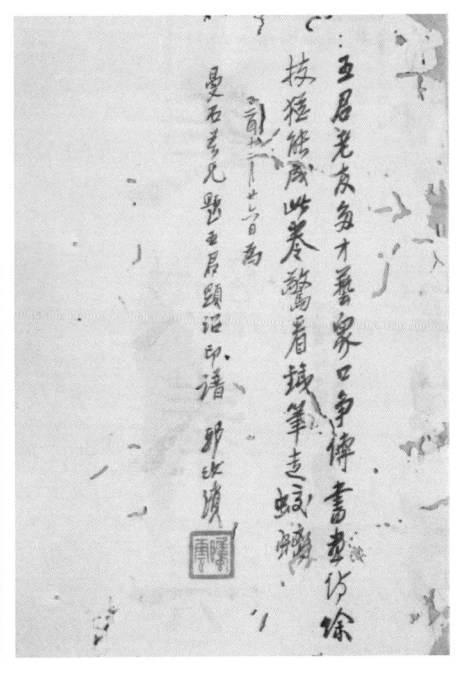

邱汝滨为《王显诏铁笔》题签

王显诏印谱

序

林伦伦

2010年春天,余奉命任职韩师。为做好韩师的工作,先了解韩师的办学历史是必要的。

于是,我找到与韩师办学历史相关的文献资料来读。正可谓"不看不知道,细看吓一跳",原来,不说从韩山书院算起,就从办新学的1903年"惠潮嘉师范学堂"算起,韩师办学也近110周年了,是广东省办学历史最早的高校之一。而在这100余年的办学历史中,韩师涌现了大家耳熟能详的詹安泰、饶宗颐等名师和邹鲁、陈复礼、陈伟南、林进华、陈汉士、陈唯实、黄旭华、管乔中等优秀学生。但其实,能让老学生们经常回忆起的优秀教师还有很多,尤其是抗战时期办学于揭阳古沟期间,汕头一中、聿怀中学、澄海中学等粤东名校学生前来寄读,一时间学校规模扩大,名师云集,张华云、孙裴谷、许伟余、王显诏、刘昌潮、罗尧范、黄家泽、郭笃士、林受益、杨金书、翟肇庄、林韬等都在韩师任教。

说起上述名师,陈伟南先生感戴师恩之情,溢于言表。他曾经向我建议,编辑一套《韩山师范学院杰出校友艺文集》,以纪念那些为100多年的韩师发展做出历史性贡献的多才多艺的老师们。

我积极响应陈伟南先生的建议,找校友办联络这些名师的亲属们。第一本《李芳柏艺文集》的编印工作进行得很顺利,因为李芳柏校长有一位诗、书、画、印四绝皆佳的文孙——李俊。李俊先生已经收集了祖父的书法作品及诗文资料,我们一拍即合。另外潮学研究院陈海忠博士也在积极收集李芳柏相关文献资料。韩师110周年校庆前夕,《李芳柏艺文集》由花城出版社出版了。陈伟南先生在《韩山师范学院杰出校友艺文集总序》中说:

> 恩师们的言传身教,让我深受知识灵光沐浴,享受智慧圣水润泽。回忆我就读时期的恩师,如李芳柏、詹安泰、王贯三、王显诏等,他们均是德艺双馨的有道之人,不仅是师德高尚、教艺精湛的教育家,在书画、诗词艺术等方面也均有所长。

我们本来想编辑、出版的第二本书就是《王显诏艺文集》,通过校友办联络了王显诏先生的亲属,奈何王先生的亲属们已经编好了王先生的集子,想以亲属的名义出版,韩师未能遂愿,留下遗憾。

也因为此,当孔令彬教授2023年9月发来《王显诏集》书稿请我作序时,我不及顾虑自己对文学艺术"半桶水"之短,便痛快地答应了,只因为想完成上述未了之心愿。奈何身边杂务纷纭,加上退休后比较懒散,且读且停,一拖至今。不过还好,潮人有春节前一定要清还债务的良好习惯,文债也一样。

陆陆续续阅读完孔令彬教授编就的这部10多万字的《王显诏集》,我认为有下列几点心得可以分享给大家。

首先,王显诏以国画驰名,不少人不知道他在诗文上的成就。其实,王显诏博学多才,他文学艺术修养深厚,尤其是以精神为上、物质为下的美学观点,在当时是十分先进的。他在韩师教授美术,其实还教美术史和美学。把他的诗文编成一本集子,就可以让读者了解、认识一个完整的王显诏,知道王显诏对韩师乃至整个粤东的美术教育所做出的贡献。从这个方面看,孔令彬教授整理的这本《王显诏集》,不仅仅具有地方文献价值,还具有一定的学术研究价值。诚如陈伟南先生在《韩山师范学院杰出校友艺文集总序》中所言:

> 恩师们的"言传"有"文",身教有"艺",他们的金句懿言、佳什雅

作和书画墨宝,不仅是教学艺术的结晶,更是为人之道的精华,这也是历代韩师人代代相传的宝贵财富。

其次,王显诏先生的诗文,尤其是诗词部分散佚比较严重,因为他所处的年代,是战乱频仍的年代,突出的如抗战时期,在揭阳古沟省立第二师范学校(韩师前身)办学地,他与同事中的诗词同好共同组织成立了一个颇有影响力的诗社——诗巢,创作了数量颇丰的作品。据韩师毕业生、诗社成员、后来成为粤东名士的蔡起贤先生回忆,当时诗社作品曾经结集为《磐沟片叶集》,但此集今已不存。据王显诏先生后人回忆,王显诏诗文生前未曾结集,手稿也在去世后基本散失。所以,编辑王显诏的诗文集,实在是件不容易的工作。孔令彬教授近10年来致力于韩师教师以及其他岭东名士之文献辑佚,钩沉发隐,多所发现,如黄遵宪、丘逢甲、张竞生、杜国庠、詹安泰、饶宗颐等名家之佚作。其大作《丘逢甲佚诗佚文辑存》,被中山大学中文系吴锦润教授称为"近20年来丘逢甲诗文的重要发现"。《王显诏集》也是孔令彬教授十年磨一剑之成就也。

第三,《王显诏集》不仅仅是王显诏的作品集。王显诏先生在民国时期交往颇广,可谓"谈笑有鸿儒,往来无白丁"。于右任、谭延闿、蔡元培、朱家骅、沈尹默、林风眠、徐世昌、徐悲鸿、马良、马叙伦、陈望道、郭绍虞、黄宾虹、刘海粟、俞平伯、柳亚子、周作人、钱钟书……这一长串的大师名字,令我惊叹不已:王显诏先生当时是如何跟这些大师们交往、获得他们的诗词和题词的?这些文献资料,不但对研究王显诏诗文、书画有价值,对其他各位大师的研究也有一定的资料价值,弥足珍贵。

上述文字只是因孔令彬教授整理编纂的《王显诏集》而回忆了一些往事、谈了几点读《王显诏集》的体会。至于王显诏先生诗文自身的文学艺术价值和美学价值,我是外行,不敢置喙,还是让读者自己去阅读、感受吧。

癸卯岁暮于花城南村

目录

序 ……………………………………………………………… 001

文章 …………………………………………………………… 001

广东第二师范廿二周年纪念成绩展览会的感想 ………… 003
本校廿七周年纪念会中艺术展览意义 …………………… 007
参观第一次全国美术展览会记略 ………………………… 009
批评者应有的态度和国画的创新 ………………………… 014
美的人生 …………………………………………………… 020
国画创新应取的途径 ……………………………………… 025
记王教务的努力与美的关系 ……………………………… 028
艺术的民族本质 …………………………………………… 032
参观黄展应有的认识 ……………………………………… 035
附：黄家泽《自白》 ………………………………………… 037
赠王少兰《游踪纪略》山水册页序 ………………………… 038
是特地印出来给读者讨论的 ……………………………… 039
让我们更高地举起毛主席的文艺思想红旗，奋勇前进！ ……… 042
跟着大家前进更前进 ……………………………………… 045

诗词 ·· 051
◎ 缵槐堂题画诗钞 ·· 053
题查二瞻《秋林晚(远)岫图》 ······································ 053
题倪云林《秋山白云图》 ··· 053
题方环山《雨景》 ·· 053
题宋比玉山水便面 ·· 053
题《松阴曲径图》赠别情宗兄 ······································ 053
题《溪亭新霁》立轴 ·· 053
题高尚书《春江暮色图》 ··· 054
题龚半千《清溪白云图》 ··· 054
题耕烟散人《苍烟碧筱》直幅 ······································ 054
题文衡山《柳阴系艇》立轴 ··· 054
题倪云林《秋山图》 ·· 054
题王麓台《仿子久秋山图》 ··· 054
自题《清溪放棹图》 ·· 054
题钱茶山《雪景》 ·· 055
题陈小蝶邮赠与钱瘦铁合作山水 ··································· 055
题《冬景》 ··· 055
题《夏景》 ··· 055
题梅瞿山《黄山百步云梯图》 ······································ 055
自题《双旌碧筱》立轴 ··· 055
题《春江野艇》小条 ·· 055
自题《凤城故堞图》 ·· 056
题华秋岳《风雨图》 ·· 056
题《江山万里图》赠方心言 ··· 056
补题《清溪叠嶂图》赠杨须庵(有序) ·························· 056
题自写《残菊》(有序) ··· 056
题自写《万松图》 ·· 057
登韩山缋《湘子江城图》，图成，赋题其上 ··················· 057

又五绝一首 ······ 057
自题《韩山红绵图》 ······ 057
自题《仿柳愚谷山水》 ······ 057
又七绝一首 ······ 058

◎ 题画诗草 ······ 059
题张雪鸿画绣球花 ······ 059
自题山水扇叶 ······ 059
为谢建正题陈蝶野画水墨山水 ······ 059
题沈启南画芭蕉 ······ 059
题李复堂写生梨花 ······ 059
题天卓先生小像 ······ 060
题戴醇士《溪亭读〈易〉图》 ······ 060
题汤雨生《江南春晓》小轴 ······ 060
自题《小黄鹤楼图》 ······ 060
题画诗草 ······ 061
越日戏示语山又题 ······ 061
菩萨蛮 ······ 061

◎ 岭南游草 ······ 062
汕港轮中 ······ 062
船中闻鸡 ······ 062
廿五日由汕买舟渡海,越日晨抵香港 ······ 062
广九车中所见 ······ 063
太平山公园杜鹃花盛开 ······ 063
过培道园 ······ 063
贻铁禅上人 ······ 063
廿二年三月三日夜看大观剧社演《心声泪影》赠雪梅 ······ 064

◎ 其他诗歌作品 ······ 065
米友石研山歌 ······ 065
附:饶锷《米友石研山歌》(有序) ······ 065

题《秋山黄叶图》赠瀛壶居士	066
初结"壬社",雅集筼园,赋呈同社诸子	066
韩江楼题壁	067
题画赠谢无量	067
黄家瑞先生惠诗,次均奉答,即请郢政	067
附:黄家瑞《赠王显诏先生》原韵	068
题玉兰花	068
题水墨山水	068
题画	068
题画	068
无题	069
题风雨竹	069
山中杂诗八首	069
题《秋山孤树图》似马督学毅民	070
登西湖滴翠亭怀云苍子	070
中秋夜	070
中秋日漫游西湖晚归韩校道中作	070
《韩声报社》创刊属题	071
王毅君画石嘱题,为书二十字	071
题山水	071
儒英惠诗属和,次韵以答	071
重游别峰寺	071
栽松	071
次韵《闲步汝平亭》	072
附:詹安泰《闲步汝平亭归来有作》原韵	072
自题画卷	072
题画	073
题画	073
题画诗	074

写红绵已,漫书其上	074
画红绵	074
纪行诗之一	075
《二辟山庄图》题跋及题画诗六首	075
吟月图	076
古沟吟草	076
附:丘玉麟《留别》原韵	077
古沟吟草	077
古沟晚志(四首)	078
孙裴谷画家写越王图寄卓明善属题,时明善治兵江西	079
卷轴	079
题盆景	079
折梅(寄约志潮安)	079
树滋属题合作水墨山水,时余将返合溪	079
画梅仿玉泉山人寄约志	080
题画	080
赋题《清溪钓叟》立轴呈戴夫子	080
春晴寄丘三学士兄	080
无题二首	080
文希造陈散原像,汝滨嘱题诗	081
咯血新愈(三十一年十一月十有三日作)	081
途中得句寄题文希画(二首)	081
十月十五日星期日午睡院中乐在作	081
不寐三首(辛巳九月廿九夜作)	082
小园	082
下药	082
文希属题所藏《高田美人》小幅	083
校庆歌	083
题《黄山终老图》	084

自题小照 ······ 084

韧云前辈枉和近制自题小照诗,谨依韵奉报,兼呈梦真学士 ······ 084

文希属题画(二首) ······ 084

双流寺 ······ 085

游四方林 ······ 085

游大珂 ······ 085

种番茄 ······ 085

劫后回郡赋示诸儿 ······ 086

书赠郭伟立同学毕业留念 ······ 086

题松梅竹 ······ 086

题松竹 ······ 086

韩祠图 ······ 086

残句 ······ 087

挽石铭翁联 ······ 087

挽石铭吾先生 ······ 087

◎ 词作 ······ 088

声声慢 ······ 088

飞雪满群山 ······ 088

隔帘听 ······ 088

雪梅香 ······ 089

醉花阴 ······ 089

解踩蹼(题君绵画《饥鸦骷髅》) ······ 089

菩萨蛮 ······ 089

紫玉箫 ······ 090

少年游 ······ 090

风流子(偶一吟社录骚原桥竟,题卷尾) ······ 090

声声慢(题白鸥蜡梅余芬词稿) ······ 091

喝火令 ······ 091

忆故人 ······ 091

浣溪沙三首 ……………………………………………… 091
　　齐天乐·海棠 ……………………………………………… 092

题赠作品 …………………………………………………… 095
　题王显诏先生法绘诗词集钞 …………………………… 097
　◎ 诗词之部 …………………………………………… 097
　　王治心题诗 ……………………………………………… 097
　　王宠惠题诗 ……………………………………………… 097
　　王树枏题诗 ……………………………………………… 097
　　王蘧常题诗 ……………………………………………… 098
　　朱汝珍题诗 ……………………………………………… 098
　　江恒源题诗 ……………………………………………… 098
　　吴梅题诗 ………………………………………………… 098
　　李泰棻题诗 ……………………………………………… 099
　　沈恩孚题诗 ……………………………………………… 099
　　邵瑞彭题诗 ……………………………………………… 099
　　柏文蔚题诗 ……………………………………………… 099
　　张凤题诗 ………………………………………………… 099
　　陈其采题诗 ……………………………………………… 100
　　陈衍题诗 ………………………………………………… 100
　　陈柱题诗 ………………………………………………… 100
　　陈道统题诗 ……………………………………………… 100
　　黄仲琴题诗 ……………………………………………… 101
　　章炳麟题词 ……………………………………………… 101
　　闵尔昌题词 ……………………………………………… 101
　　叶恭绰题诗 ……………………………………………… 101
　　董修甲题诗 ……………………………………………… 102
　　詹安泰题词 ……………………………………………… 102
　　熊润桐题诗 ……………………………………………… 102

赵云壑题诗 ………………………………………… 102
　　黎锦熙题诗 ………………………………………… 102
　　蒋梦麟题诗 ………………………………………… 103
　　卢前题诗 …………………………………………… 103
　　钱基博题诗 ………………………………………… 103
　　谢无量题诗 ………………………………………… 103
　　顾随题诗 …………………………………………… 103
　　顾颉刚题诗 ………………………………………… 104
　　龙沐勋题诗 ………………………………………… 104
◎ 跋语之部 …………………………………………… 105
　　于右任跋 …………………………………………… 105
　　王祺跋 ……………………………………………… 105
　　沈尹默跋 …………………………………………… 105
　　易培基跋 …………………………………………… 105
　　林风眠跋 …………………………………………… 105
　　马良跋 ……………………………………………… 106
　　马叙伦跋 …………………………………………… 106
　　郭绍虞跋 …………………………………………… 106
　　陈望道跋 …………………………………………… 106
　　钮永健跋 …………………………………………… 106
　　黄宾虹跋 …………………………………………… 106
　　黄麟跋 ……………………………………………… 107
　　刘复跋 ……………………………………………… 107
　　刘海粟跋 …………………………………………… 107
　　谭泽闿跋 …………………………………………… 107
　　蔡元培跋 …………………………………………… 107
◎ 断句之部 …………………………………………… 108
　　王正廷题句 ………………………………………… 108
　　王世杰题句 ………………………………………… 108

王震题句	108
江翰题句	108
朱孝臧题句	108
朱家骅题句	108
吴敬恒题句	109
吴徵	109
吴闿生题句	109
吴鼎昌题句	109
汪东题句	109
周启刚题句	109
居正题句	109
林森题句	110
俞平伯题句	110
胡汉民题句	110
柳亚子题句	110
洪陆东题句	110
徐世昌题句	110
徐悲鸿题句	110
张寿镛题句	111
张道藩题句	111
陈之佛题句	111
陈树人题句	111
冯友兰题句	111
华林题句	111
覃振题句	111
杨寿昌题句	112
刘维炽题句	112
滕白也题句	112
蔡元培题句	112

郑洪年题句 …… 112
　　谢公展题句 …… 112
　　谢瀛洲题句 …… 112
◎ 其他题词与赠答之作 …… 113
　　周作人题词 …… 113
　　王山人显诏属题所作水墨山水册子 …… 113
　　题王山人显诏山水册一集 …… 113
　　题王显诏画册 …… 113
　　题显诏山水 …… 114
　　题王显诏先生山水册 …… 114
　　题王显诏《榕石图》 …… 114
　　金缕曲·赠王显诏先生 …… 114
　　题王严《江滨老树图》 …… 115
　　乞画与王严 …… 115
　　丙戌元旦寄王显诏陈文希两画家 …… 116
　　十二月十六日，为万硕吾兄题王君显诏印谱 …… 116
　　安公子 …… 116
　　赠王显诏 …… 116
　　减字木兰花·题王显诏造像 …… 117
　　翠楼吟 …… 117
　　名画家王显诏兄见拙作扇面，赏许不置，竟以墨竹一帧系句求换，曰："梦老既善山水，予不能不作悻格之避。"赋志愧感，并奉正谬 …… 117
　　题显诏先生绘贻《韩祠橡木图》 …… 118
　　高阳台 …… 118
　　浣溪沙 …… 118
　　蝶恋花 …… 118
　　减字木兰花 …… 118
　　赠王显诏先生 …… 119

挽王显诏先生 …………………………………………………… 119

评论纪念文章 …………………………………………………… 123

　　王显诏画例序 ………………………………………………… 125
　　王显诏山水润例 ……………………………………………… 126
　　《申报》售卖《王显诏山水册》广告词 ……………………… 127
　　题潮安王严篆刻名印卷尾 …………………………………… 128
　　续题王君夫妇更名印章拓本 ………………………………… 129
　　王显诏北上考察画展 ………………………………………… 130
　　王显诏先生遗迹画册序 ……………………………………… 131
　　王显诏及其画学 ……………………………………………… 132
　　我所认识的王显诏先生 ……………………………………… 142
　　缅怀王显诏先生 ……………………………………………… 146
　　詹安泰与王显诏 ……………………………………………… 152
　　王显诏题画诗 ………………………………………………… 159
　　民国时期韩师的美术教育 …………………………………… 166
　　诗书画论意纵横——记岭东美术名家王显诏先生 ………… 176
　　王显诏年谱简编 ……………………………………………… 182
　　附：画家陈文希部分民国文献 ……………………………… 195
　　寸感 …………………………………………………………… 196
　　自白 …………………………………………………………… 198
　　艺术与时代使命——为纪念美术节而作 …………………… 199
　　介绍青年画家陈文希君 ……………………………………… 202
　　对于陈文希画展的感想 ……………………………………… 204
　　艺术及艺术家之种种——陈文希及其作品谈片 …………… 205
　　题在文希个展之前 …………………………………………… 208
　　我对于画家陈文希先生的认识 ……………………………… 210
　　略论文希之创作 ……………………………………………… 212
　　介绍陈文希先生画展 ………………………………………… 214

文希之画 …………………………………………………… 216

画人行脚——送文希南游 …………………………………… 217

行矣文希！勉哉文希！ ……………………………………… 219

编后记 ………………………………………………………… 220

文章

广东第二师范廿二周年纪念成绩展览会的感想

八二风灾后，奄奄一息的二师，居然成功了个从未闻过的纪念会，同时兼有各种科学表演和成绩展览，成天闹个不休。——这虽然不能算得什么，却是它一点兴奋的精神，真挚恳切地与社会相见。

从来被人们所摈弃的艺术，在这纪念会里，的确已占了全体的大部分：辉煌灿烂地相映着——图画；清澈悠扬地激荡着——音乐。当这时光，别论是空间的、时间的，都能够一齐把他们自我的生命，极完全地表白出来。这种现象，不得不算他们对于精神上的努力，向氛围气里黑沉沉的物质宣战的结果。

艺术既然是人类自我生命的表白，便能给人们精神上的愉快，以减煞一切物质上掠夺的苦痛。人世间的罪恶，莫不是由物质演成的，什么军阀的专横、资本家的压迫、帝国主义的侵略……种种不平等的勾当，都是物质占有的掠夺干出来的。这种事实，虽然有种种的反动，但是，要使物质供给的分配，成个水平线，无论如何，总是不可能的事。以艺术家的眼光看来，人类果要得着永远存在的慰安，非从根本——精神——上去做追求的工夫不可。

艺术家精神的享乐，便从事大自然的底里去探求：日、月、星、辰的棋布，何等庄严！山、川、河、岳的罗列，何等伟大！风、雨、晦、暝、寒、暖、荣、枯的变幻，何等惊奇！艺术家对之，禁不住地启发了无限热情，接续不断地渐达焦点，生命之火燃烧着了，到那时不得不用他的工具，把他的生命和感情完完全全地表白出来；这时候把人我界限、利害观念，以至人世间一切物质演成的苦痛，都丢却了。

这种享乐，异常平匀、异常普遍，而且没有男、女、老、少、智、愚、贫、富、贵、贱……等种种阶级和界限,只要你肯去追求:你的精神顾着伊,伊便向你点头、向你微笑、向你表无限同情,那时你便可深知她的性情和秘密,渐渐地落入恋爱了;最后成功你的知交、你的好伴侣,永远和你们结合。

有人说:"床头金尽,壮士无颜。"难道你们这艺术家能够例外把这些维持日常生活的衣、食、住,都摒除掉么?

不错!牛在田里耕耘,马在路上拉拉车,犬在夜里守门,何曾不是在维持它们日常的生活而工作的?人类是有思想和理性的动物,而且是动物中的最高等者,故所要求的,当然不是完全肉体方面的事件,当然不能够同牛马……等的生活一样。世间的人们,终日惶惶岌岌,忙个不了,都不外为了物质的掠夺,做物质的奴隶,真是替他们可怜!

诸君啊!努力!前进!一直把人世间一切物质演成的苦痛,打得它七颠八倒、体无完肤,然后,将那混混沌沌的群众救起,再下他一服清醒剂,引导他到我们的乐园,受我们艺术的洗礼,使他得着精神的享乐、愉快的人生观。

原载《新艺术》第1卷第9期,1926年9月1日

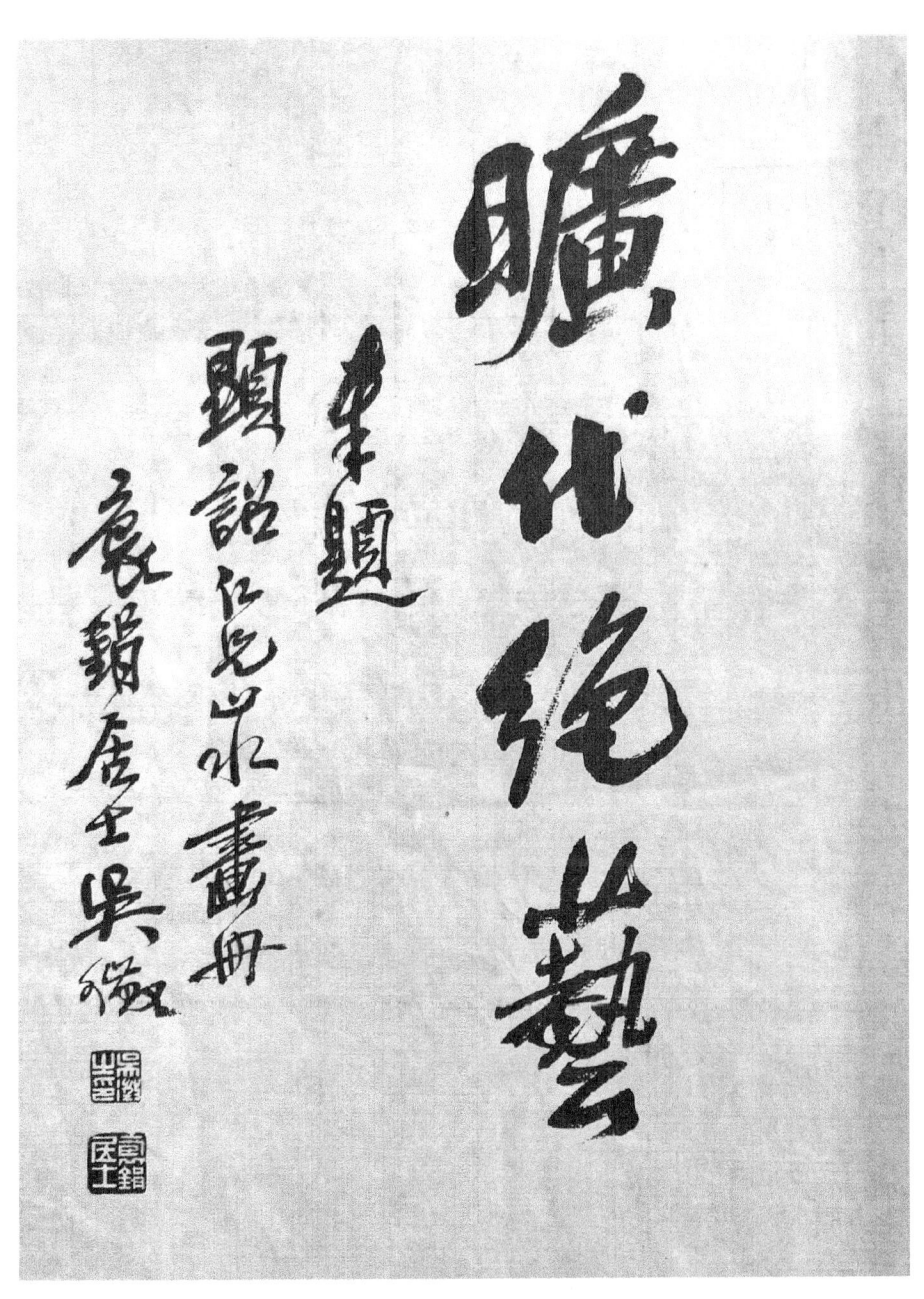

吴澂为王显诏山水画册题词

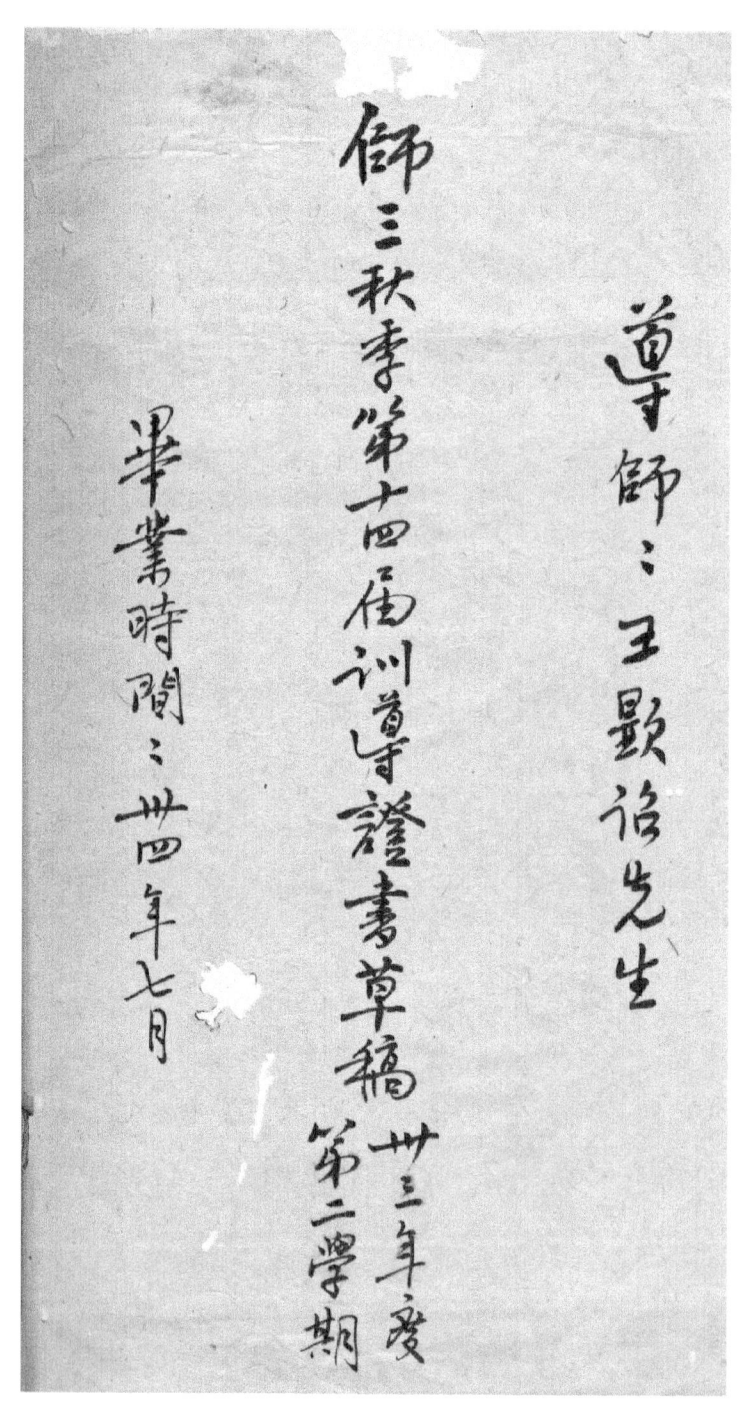

广东省立第二师范学校档案

本校廿七周年纪念会中艺术展览意义

艺术是生命之泉源,艺术是精神的原素,这是谁都知道的。我人日夕钻营于物质的追求之中,缺乏了美的熏陶,把"利己""私欲""所有"之观念日形扩张,"小我"之势力,渐夺去了"大我"之园地,于是乎"满目疮痍""遍地荆棘"等成语,越发为有心世道者所常用了。民国自革新以来,教育方针,虽然有蔡孑民氏"以美育完成道德"之部令、"以美育代宗教"的论著;年来国内,更有不少新兴的艺术家、艺术教育家的呼号叫喊,然而言者谆谆,听者藐藐,像耳边风似的。是年春间,教部虽然有全国美术展览会之提倡,然而绝像昙花一现,不久便消声泯影,印象不留,我辈小子更配不起来谈什么艺术不艺术了。

可是!欧洲文艺之复兴,何曾不是起于少数人之呼喊?日本近世美术之进步,又何曾不是起于少数人之努力?美的天地也并非立刻便可浮现的那样平凡,我们不问收获只问耕耘地干去,我们自信美的天地千真万确地有实现的可能。我们的自信力越强越干、越干越强,我们的目的,终归是能够达到的。所谓要提起举世誉之不以为荣、举世毁之不以为辱(自信力之强也,成功并非可喜——为的是当然的,非稀奇;失败也不悲哀——为的是:社会是盲目的,恶势力是数千年潜伏着的,失败也是当然的,并非稀奇的原故)的那样大无畏的精神去干就得了。

小子们呀!你们虽然是玩意儿似地在山巅水涯唱一曲歌、绿荫丛里写几笔画,也许能够寻到你们真人生的所在,八宝楼台中炫耀人世的偶像,也许会一日倾倒的啊!

这次本校纪念会中的美术展览,便是我辈小子们玩意儿的自我的表现;虽然并不十分健全,却是老老实实地由作者的心灵融合在大自然里面极自由的描写;出品并不多,确已占了全场的大半。我们十分恳切地把我们点滴的所有,贡献到群众面前;我们不甘自居艺术之宫、象牙之塔,我们都要跑到十字街头,去和群众携手,努力!努力!

十八,十一,廿二晚于第二舍务处

原载《二师月刊》第3—4期合刊,1929年11月15日

参观第一次全国美术展览会记略

此次教育部所提倡之全国美术展览会,算是中国空前之创举,忆自去年暑假前,《申报》上登有大学院全国美展征集作品之广告,原定正月一日开幕,会期一月。自教育部成立以后,便继续接办下去,于是再广征作品,开幕日期,经两度修改,及至三月底,报章上才登广告,用一"准"字贯其首曰……四月十日开幕。约略说来,这次的美展,准备已有一年多。

计此次出品,据总干事孟寿椿之报告,全部——分书画、金石、西画、雕塑、建筑、工艺美术、美术摄影等共七部——普通出品人约一千零八十,出品四千零六十件,入选者五百四十九人,出品一千二十件;特约者三百四十二人,出品一千三百二十八件。说者谓此会之隆重,等于日之帝展、法之沙龙。然以愚之观察,还有不十分普遍之缺陷,何以故?即不愿出品之人数太多。盖普通一般习美术者之心理,以为研究美术,只图自娱,不求人知;其他或有不屑以作品经过审查而不出品者——郑午昌曾在"美展"里说过——甚或更有不敢以作品经过审查,而不出品者。此类几占全部不出品十之七八。求此类不敢出品之原因,大概为的是:本来他们在一小区域内,已自命为天才之小英雄,然其作品有否相当修养,自己还是疑问,既登英雄之台,如果应征后落选,未免有失往日英雄之资望,因此便不敢出品。故此此会,除一般所谓特约出品之名流作家之外,应征者大概都是我们这些孩子们来做的玩意儿,入选固幸,落选也是本分。观乎上述特约出品之件数,还超过普通入选之件数,这便是不普遍的一个有力证明。

我这次之出品,亦是孩子们所做的玩意儿之一,原来照章每人可以投寄二十件,我因没空,便以《韩山红棉》《双旌飞瀑》《湘子江城》《涸溪塔影》《韩祠橡木》五图了事,私意以为如斯隆重之大美展,丑媳妇试见公姑,诚惶诚恐,如果不大遭鞭笞已是大幸。孰料开会前数日,该会邮寄来一函,说些客气话,请我去到会,并附来出品人入览证一纸;此时我还不敢深信定是入选,借诸他人,亦仅说到必有入选者之"必"字而已。再过数日,又接来一信,叫我们闭会后去领回作品,方知所寄去之五轴,完全入选。而此五件之数目,恰到每人出品最多之格限,真是怪事。

我四月二十五日抵申,已是开会期中倒数之第六日。下午二时左右,到南市新普育堂会场参观,此时景况,已是暮景萧条,名流们多数以事离沪,所余办事人而已,然参观者仍络绎不绝。场门为中国风之牌坊式,额为农髯书,曰:"教育部全国第一次美术展览会"。左为入口及售券处,右为出口,各有警察及招待员把守。会场全座,以红色瓦砌成,广可数百亩,颇壮严,为沪上中国自筑集会场所之最宏敞者,去年大规模之国货展览会,亦以斯地为会址。门之对过为大礼堂,两江女体专校正在表演歌舞助兴。周围一大匝,为三层楼之西式建筑,庭中有花圃、喷水池,曲径覆以藤萝,颇幽雅,游观仕女,憩息其间,略现清闲气象。楼下为办事处、招待所、餐室,和海上各大美术书店租赁为陈列古今名人书画真迹或印刷品之发售室,各以精品罗列,任人参观。西楼下又设乐室,陈列琴瑟、箜篌、笙、簧、竖琴、筝等古乐,不下三十余种,定时弹奏。左方二、三楼共列书画八百六十八件;礼堂二楼陈列书画三百六十件;左面二楼转角处,陈列金石拓本印存等共七十五件;右方二楼正中,陈列西画三百五十四件;二楼礼堂,雕塑五十七件;右方二楼又陈列建筑模型及图影三十四件、工艺美术二百八十八件、美术摄影二百二十七件。右方三楼为参考部,除日本西画出品和近人西画遗作外,近人及古代书画,皆逐日更换,敦请海内大收藏家轮流值日,将所藏精品陈列。入文部参观,要另买门票。我走马看花似地浏览一周,夕阳已西下了。

是日,参考部为扇面大展览,其中有红金扇页二百件,如文衡山、倪元璐、董玄宰、谢时臣、渐江、邵弥山、王时敏、王圆照、卞文瑜、沈石田等山水,陈元素兰,周之冕花虾,赵文淑梅花,王觉斯竹,俱属精品。尚有其他名作扇页甚多,大幅有燕文贵《雪霁图》,李复堂花卉,沈石田芭蕉,石涛瓜,汤雨生、阮七芗合作梅鹤,居节人物山水。又任渭长《范湖草堂》长卷二件,长三丈,图中别具境地,花鸟、树木、茅亭、水阁,曲折迂回,极布置之能事;而如此长卷不画一人为画幅中之点缀,实至难能。又一卷为五十名家合作者,亦为世不多见之精品。余如虚谷、黄山寿、莲溪、胡三桥、吴秋农等精品约七八十件。

廿六日——参考部为金石大展览,中有西泠印社所藏秦汉铜印八百余钮、金石家书画扇面一百个、王松琴宣德炉及田黄图章凡百余颗、陈淮生征集商周彝器三十余件、陈雪琴藏古泉范百余件,尚有金石拓本六十余幅,皆为罕见奇作。

廿七日——参考部为海内收藏家精品联合大展览,计收藏者共二十余人,每人限制最多十件,其出品之精,已可想见。其中如罗雨峰人物,王麓台山水,董玄宰、华罗新、八大、石溪等,及唐宋诸名作;近人遗作中如任伯年、吴秋农、虚谷等数十家精品,每一作家除画幅外,旁悬对联一对,于书法中,更可寻出作者天趣,观赏者颇觉搜集之不易也。

廿八日——参考部今日为陈列大收藏家程霖生所藏石涛精品八十件,山水、花卉,俱皆精妙,其收藏之富,为世所罕闻。

廿九日——陈君仍假座参考部展览八大山人书画五十六件,又有宋元以后各大家作品,如张铁桥、戴鹰阿、萧无闷、王圆照、董玄宰及新安四大家、文、沈、唐、仇等共五十余幅。

三十日,为展览最末之一日,陈君仍假座陈列三代以后铜器,有商代召夫铎、手执兵彝、亚形父、丁方鼎、亚形斧、子觯册觚等。铜器约二十余件,周代白师敦、潘君簠、荀伯丈父簠、叔男父匜、得罍等十余件,皆图案精古,式样特殊,为世不经见之品。前代书画之最精者如烟客、石溪山水,山谷字屏,郎世宁人物屏等。

参考部中之西画——油绘——日本出品凡百余件,以二科会会员出品独创力最富,其余人体出品表现力特强。如里见胜藏之《女》、东乡青儿之《庭前》、古贺春江之《蜗居》、梅原龙三郎之《妇人》,各有独特之作风;冈田三郎助之《银之谐调》、石川寅治之《浴后》、高村真夫之《背面之妇人》、寺内万治郎之《镜》,极感圆味;太田喜二郎之《秋》、石井柏亭之《水车场》、鬼头瓮二郎之《广场》,俱能现出自然界之伟岸;和田英之《蔷薇》、白泷几之助之《芍药》,以纤丽工整胜;中村不折之《赚兰亭》《煨芋不答宣使》《司马相如与卓文君》诸图,有古典之情趣;小出楢重之《蔬菜静物》、推冢猪知雄之《食事》等幅,失之呆滞,找不出好处来。近人西画遗作中,如陈晓江氏之幽默、吴新吾氏之旷达,由各画面中,可以看出作者的性格,具别样之情趣。

现代出品,以国画为最多,佳作甚夥。如王师子之《蜡梅》《夹竹桃》、王陶民之《红蓼》,运笔灵活,各极其妙;王一亭之《生公说法》,大将及丈,笔力矫健;王传焘之《松下策杖》,设色、用笔有乃父气概;李秋君之《平冈秋色》、汪仲山之《人物山水》,工整澹远,别饶清趣;侯子步之《放鹤亭》、洪野之《黄昏》,以新法入画,别开生面;胡郯卿之《寒林诗客》、胡伯翔之《群马嘶风》、胡伯洲之《藤花八哥》,用笔奔放,微嫌枯梗;陈小蝶之仿石涛《山水》及《寒柯丛竹》,设色运笔,各极其妙;陈加盦之《松》屏六幅,笔致苍老,古趣盎然;高奇峰之《猿虎》《飞鹭》、何香凝之《狮子》,用东洋法渲染,栩栩欲活;汤建猷之《细雨黄昏》、高剑父之《碧柳烟沉》、高奇峰之《晓风残月》、方人定之《山村归牧》,俱学东洋法,有出蓝之妙;冯超然仿石谷《山水》,工丽脱俗,堪称佳作;杨雪玖之临石涛横波,画脱巾帼气习;符铁军之《蔬果》立轴,神韵丰采,直追乃父;齐白石之山水、人物,古拙似清湘;杨逸之水墨《山水》,苍古雄厚;曾农髯《山水》立轴,落落数笔,曲曲传神;赵子云之《花卉》四帧,深得安吉衣钵;郑曼青的《九秋》《白菜》,墨既酣畅,运笔亦佳;诸闻韵之《盆菊》、潘天寿之《海棠》,遒健中略带秀润;张善孖的《猛虎》《云龙》,神态绝佳,跃然纸上;张聿光之《孔雀》、谢公展之《松鸟》《菊石》,均有独特到处。

现代西画,以油绘占大多数,陶元庆之《处处闻啼鸟》、杨超尘之《繁华》,俱能于对象之外,表现诗的情绪;张弦君之《泣》和《老人》,善用沉静色调,极抒情之能事;王济远以水绘负盛名,兹读其《秋菊》和《都门瑞雪》两帧,始知王君年来于油绘努力之猛进,令人佩服,为油绘之俱有水彩神韵者;汪亚尘之《湖上》、张辰伯之《炎夏》,用明色作风景,能表蓬勃之气象;刘海粟之《南屏晚色》及《灵隐》,老健纯熟,不愧大家;林风眠之《静物》及《贡献》、王远勃之《少妇》及《打铁》,俱善于用沉郁的暗色,表出幽默之情调；潘玉良之《顾影》、杨清磬之《晨雾》，一用色粉作人体，一作风景，各以清标洒脱之美见长；丁衍镛以单调色彩作《读书之女》，特见风趣；李毅士之单色《长恨歌图意》，纤丽工整，令人叹绝；张聿光的《庚子之变》，阔数丈，为会中作品之最大者，惟用色未免生硬；周玲荪之《风景》，着笔琐碎；薛珍水绘，流于刻板；李朴园肖像，拙劣不堪矣。

金石有印存、造像、瓦砖、墓志、彝器等拓本，古色古香，目不暇给。塑造有大理石、石膏等人体像，肖像、刻竹、雕牙、佛像等，就中以姜丹书之仿魏造像、张辰伯之《东坡诗思》，最为特色；人体雕塑，尚少佳作。筑建中各种模型极精美，图样亦佳。工业艺术中种类繁多，琳琅满目、十色五光，无奇不有；商务、中华两书局，陈列各样影写板，并附以说明，足以代表中国迩来印刷术之进步；美术摄影为大自然之再现，佳作亦不少也。

附录：各刊物上对于拙作之评语（摘抄）

（一）《申报·自由谈》里舞成君之《美展两日记》里说：

现代国画，占全部会场之半，瑕瑜互见，颇不为少。而画之佳者，率非海内知名之士，其中如王显诏之阔笔山水，而用西洋设色，皆自有其生命，而名字绝无人知，殊为可异……

（二）第四期的《全国美展三日刊》及《新闻报》里陈小蝶论现代画派说：

美专派：刘海粟自号叛徒，立美专学校，于是粗枝大干、深红惨绿，色调的恐怖，随美专学校而漫遍于全国。其实海粟画竹，全出蒲作英，花鸟佳者，间似八大，笔力自佳，绝无违叛之可能。吕凤子辈助以旗鼓，遂使美专折衷两派，互相争衡于学校之间，论者以为国画命脉，将就此斩。然会中所列王显诏五帧，笔力宛然石田，而敷色力之伟岸，一望知为美专画派。吾侪检画之时，赞赏此作，不觉同声称绝。然则美专派亦自有价值，但不免使复古之徒，错愕相顾耳……

原载于《二师月刊》第5/6期合刊，1930年4月

批评者应有的态度和国画的创新

这回艺风社所主办的美术展览会,是在野的、乌合的、前此所无的、最巨大的一个。又因为它是乌合的,便不论有名的作家也罢,无名的作家也罢,大人先生们也罢,小夫走卒们也罢,有一些长处,大家都能够来加入,于是乎便如江河之趋入于海蔚成洋洋大观。

前几天接到孙先生的信,外附寄特刊二册,并说《艺风》杂志,下一期要出批评专号,嘱写稿件;但到了现在,特刊还没有收到。我想:便是收到了特刊,也不能窥见出品的全豹,而且因为印刷的关系,所印出的画稿,也未免有些不自然,要写批评文字,教我如何担得起呢!

现在只能把批评者应有的态度和国画的创新的两个问题,笼统地来说说:

艺术批评家,是艺术界的指导者,是艺术园里的园丁,一国艺术程度之如何,每以艺术批评程度之如何为比例。因为一个批评家所发出的言论,足以影响到作家及其他群众艺术的趋向。假如他的批评是正确,则大家随着向大路上去进展;不然,大家便随着向绝路去堕落了。

举行美术展览会的广告,在报纸上时时都可以看见,批评者也不乏其人;然大都不免有些偏于主见,对于大人先生们的作品,不吝加了许多的赞语:大名流加以大赞语,小名流加以小赞语,不成名流的,便绝口不谈了,几乎成了一个公式似的。实在:能够成名流的作家,自然是有相当的素养,名流的头衔,也并非无故从天上降下来的。不过,满园灿烂的好花,也不免有几颗不大充分发展的花朵,虽然出品时曾经过作家自己的选择,然而也不免有时失检点的地方;这便有待于批评者的指导,使群众不至于茫无头绪,使制作者有所觉悟。况且还有些虚伪的作家,正在诱惑群众,这便非有批评家正确的批评,给他一个有力的抨击不可了。

反之,对于无名的小作家的作品,虽然其中有些好处,普通便懒于提起,因为要赞许一个小作家的作品,实际上也是不很容易。因为批评者要用很锐敏的眼光,和很精密的头脑,才能够很正确地寻出它好处。不像赞美那大作家的作品那样的容易,随便乱捧几句便做得;一般的习惯,对于小作家的作品,原来是不大注意的,甚且是鄙视的。因为赞美一个大作家,最少可取得某大作家的好感,小作家呢,赞也无益。其实不论那一处极荒芜得像乱丛荆棘中,常常有几颗极摇曳的野生的花儿;不过闲花野草,难入大人们的眼。这些很摇曳的野生的花儿,便极需要批评家切实地寻出,使一般群众有相当的认识,再给它以多少培养的工夫,也不难成为灿烂美丽的园地。

有个朋友对我说:"我们欣赏艺术品,假如先知道了那件艺术品是出自名家之手的,便应该从他的坏作品上,寻到它的好处来赞赏;假如先知道了是非名家的作品,便应当从他那好的作品上,找出它的坏处来抨击。"这虽然是说笑话,的确普通的一般批评家或赏鉴家,还不能离去这种习惯。

其次,因为批评者的脾胃和习惯上的不同,因此所发出来的评论,也不免有些偏颇。假如那批评者的个性是热烈的,对于强烈的作品,才合他的脾胃,其余那些冷静的、沉着的、幽默的作品,也便不甚了了;假如批评家的个性是冷静的或沉着的,除了和他的脾胃相合的作品以外,其余的也不能得到他的了解。或者批评家平日往来的朋友,或常常接触艺术品是那一类的多,已成了一种习惯,因此对于某一类的作品,多有深刻的认识,对于其他的艺术品,也就漠然;最少总有深浅不同的差异。这样的态度,便成了畸形的状态,于艺术本身和群众,都得不到他的益处。

甚且有一般批评者,因为门户之争,党同伐异,所发出来的评论,那便一文不值,而且失了他的人格。对于所谓同志者的作品,虽然坏到不知什么,一塌糊涂、令人绝倒的,也要设法来赞他几句;对于对方,虽有极完好的作品,也要吹毛求疵地极力加以抨击;至于同志们的作品中有些好处,和非同志们的作品中有些不好处,则不怕长篇累牍的赞叹和谩骂了。"文人相轻,自古已然。"想不到而今还不能打破这种因袭和传统。这样的批评,只足以蒙混视听、颠倒是非,真是艺术界的罪人。

此外还有一些互相标榜、借以沽名钓誉的大家,这些更属无聊,于艺术界上,何曾有需要他们出来嚣嚣叫叫呢!

因此,我极希望于一般批评家,应持严正的态度、彻底的观察,极客观地除去成见,不顾一切,对于名家的作品,固然要赞它的好处,也要说出它的不经意处;无名作家的作品,固然要说出它的缺陷,有些好处,也不妨提出;而且要极客观地牺牲个性和习惯,把我们的精神,用全力深入于形形色色的艺术品中,得到了作家的情感的所在,和作家的精神融合为一,得了作家的认识,而引起了共鸣之后,才能够判别某艺术作品的优劣。我常常向着几个雅好研究词章的朋友说:"能制作诗词的人,未必都能够鉴选;能够鉴选诗词的人,未必都能够制作。因为鉴选和制作,可以分作两条不同的路径,即:制作者注重个性,鉴选者应牺牲个性;制作者所尊重在'我',鉴选者所尊重在'他';制作者要主观,鉴选者要客观;制作者学在精,鉴选者学在博;制作者以天才为主要,而济以学力,鉴选者以学力为主要,而护以天才。"虽然不是绝对的说话,然创作和批评态度的大较,略具于此。

以后继续来谈谈国画的创新:

艺术是人类的本能,于是不论文明的国家、野蛮的国家,都具有其本来艺术的特色;即原始的人类和呱呱的孩童,也有其天赋的艺术本性。我国是世界上文明的古国,艺术的发达,远在数千年以前,文学啊、音乐啊、绘画啊、书法啊(书法在我国是一种极高妙的空间艺术,不单单是文学上的一种符号,应补入)、建筑啊、雕塑啊、舞蹈啊、戏剧表演啊,应有尽有,而且有些远驾乎欧洲各国之上;就绘画一种来说,中间已经历过了很长的时间,经过了无数回的创新,到了现在,西洋友邦,才渐渐地认识到东方——我国(自称惭愧)——绘画的好处。因为西洋的绘画,多数是向着对象忠实地描写,甚且用了许多科学的方法,如色彩学、透视学、解剖学等等作根据,几几乎把绘画完全建筑在科学上面;科学之极,于是乎不免得到枯燥之味。近来画家,才感到由精神情感方面的表现来得更自由有趣,而我国绘画，一来便注重精神和情感的描写，因此便不得不渐渐地倾向到我国的绘画上来了。

十几年前——民国建了国以后——大家都以为中国数千年来的文化，都是退化的旧东西，一概都尽量地把它打倒；而且因为人类厌旧喜新的心理，便大欢迎特欢迎地来欢迎洋化。——绘画自然不能例外。——国内同时也就产生了几位极浅薄略略懂得些少洋画的洋画家（从前的洋画家自然也没有现在般的成熟），也就用了抑人扬己的方法，来排斥中国画是不合科学方法的，是传统的、因袭的、不长进的（兄弟从前也是研究洋画的，鄙意则以为各个风格已有不同，则趣味的所在和领略的方法，当然也不能一样）。其实中国的绘画，何曾不是时时地改革和创新：以花鸟而论，古画多用勾勒，徐崇嗣则创用没骨，前后的作风，各个作家，统统有各个作家不同的面目——因为各个作家有各个作家的个性关系——以人物画而论，用勾勒法，中间已有种种的创革，间亦有用没骨画法的；而各人的作风，也跟着他的个性而不同。至于风景画，更特别的发达，它的作风和方法，中间的变化创新，也复杂得多：唐朝的时候已有南北派之分，宋朝老米，又创没骨点描法，明朝董其昌，亦有没骨画法（其他各家，也有各家的描法，不胜枚举）。而且各个时代的习尚，和各个作家的画风，也跟着各个时代的精神和各个作家的个性变易，何曾有死守着某种方法或某种作风呢！（虽则明清的画家，于画面上喜欢写出"拟某人"或"摹某人"等字样，实在各家已经有各家的"我"存在，稍有图画常识者，当然可以看得出。至于晚近中国的洋画家，写起赞美中国画的文章，都是一脉相承，千篇一律地举出了个八大和石涛，其实他们俩也不过在历代作家中各占了一员而已。奇怪！）

关于国画作家每喜临摹名画的问题，而西洋画家的临摹名画者也不少。因为某幅名画，已经经过了若干的时期，已经受了后来多多的名作家、批评家和群众承认为名贵的作品，我们便不妨把它来当作我们的营养，来引起我们的创作能力，同时也可以使我们的创作能力特别增强，即仿佛像做文章一样，假如不读过去的名作来供给我们的营养，怎么能够凭空产生出很好的新作品呢？六七年前，有一个日本的名画家——叫做石川甚么的,一时记不清,他曾四度欧游——向我说:"西洋鼎鼎大名的画家玛提斯,曾得到中国的一部《芥子园画谱》,珍若琪璧。他预备把我们的这部画谱,当作粮食,要把它吃下肚子里。等它消化,来充实他的作品。"便是这个意思。

再对于不合科学方法的问题,更可不攻而自破。因为作品的产生,都是当作家临着各种对象的时候,便由对象引起了我们的精神活动而发生了无限的热情,这热情接续不断地渐渐达到焦点,于是乎生命之火燃烧着了,那时候,便不得不用他的工具,把他的生命和感情,完全地表白出来;在这刹那间,那里能够计虑到什么色彩学、透视学和解剖学等等的身上去呢!不过因为作家平日的脑海中,已经有了种种的物象潜在,故此所表现的艺术品,不免带有些物象的形色罢了。——物象不物象,完全不成问题。——陈简斋有首诗说:"朝来庭树有鸣禽,红绿扶春上远林。忽有好诗生眼底,安排句法已难寻。"也便是这样的意思。中国向来也有不少的聪明人,只是我们懒得去探讨。再记得还有一首题画诗,仿佛是何子贞做的:"一叶大于人,一鹤高于屋;画神不画理,神到理自足。"这何尝不是说:中国画是重在精神的表现,脱略科学上的方法呢!

到了现在,有一般新中国画家,极力来创作新国画,有的把日本画搬到中国来,便硬叫它作新中国画;也有些把西洋的水彩画,搬到宣纸上面去,也是叫它作新中国画;也有许多写些东拉西扯、不中不西的作品,也自命为新中国画家。其实一种艺术品的革新,自有一种革新的趋向。虽然也需要有多多少人出来做这种运动,但它的成功,常常成功于不知不觉中。并不是说我要来革新,可以用一种计划,立刻便把它革新起来。即如前头所说:艺术品是精神活动的表现,不是用理智的计划所可设法而成功。总要归之于:"变于不得不变,成于不得不成"的一刹那。譬如中国的诗歌,由《诗经》而骚、而赋、而古诗、而近诗、而词、而曲,各时代有各时代的特色,各作家有各作家的面目,中间演进的情形,完全是极自然极圆成的转变,并无一些勉强的意味存在,而于中国的民众特质、时代精神、历史背景、风俗、习惯及其作风等等,一望而知是中国的产物;不像中国近来的新诗,大都是搬了西洋诗的作法和风趋,来用中国文字写出,便叫它作中国的新诗,这些新诗简直还是西洋诗——是用中国文字记出来的西洋诗——(我民十六以前,也是好做这种诗)所以,到了现在,中国的绘画和诗歌的新作,还是同样的情形,尚未曾得到成功。

这种搬人家的东西,来说是自己的新创作,是否确当的问题,可用一个很浅显的譬喻来说明,便很容易明白:比方我们觉得我们的穿服和住宅,是过于寻常了,立刻就叫了一些中国工人,做了一套洋服和建筑了一座洋房,这样便向人家说:这便是中国的新衣服,这便是中国的新住宅。大家相信吗!

还记得在民十五的前后,日本有三个弟兄,同样具有创造日本新绘画的志气,于是组织了一个三条会,出来向各方宣传;他们以为用日本画的材料,去模仿西洋画的表现法,不过是一时间表面的反动;他们是要用洋画的教养作基础,来开拓真本质的未来的日本画。这也是像玛提斯把中国画作营养,来充实他们的洋画的意义。

总说一句:我们有志创作新中国画的同志们,应当利用我们先人遗下的那些无尽藏的宝贝和世界上其余各国的艺术结晶品——名画——来作营养,更根据前面所说的:"注重个性,尊重自我,极主观地去利用你们的天才",来产生出一种具有中国民族本质的新绘画。

廿三,七,廿一,于潮州
原载《艺风》第 2 卷第 9 期,1934 年 9 月

美的人生①

一、人类精神活动的目的和手段

宇宙之大、虫鱼之细,草木荣枯之变幻、四时寒暖之推移,以至于见善以趋、遇恶以戒:这一类的事物,都属于吾人的精神活动。自柏拉图(Prato)及亚里士多德(Aristode)而后,已把这类精神活动,作为学理上之研究;至近代文德(Wundt)等,再为研究上之便利,分析这类精神活动为"知""情""意"三方面,凡吾人一思想、一行为,都含有这三种原素,虽然有强弱之不同。因此,这人类精神活动的三方面,恰如一透明体之三棱镜,我们既看着它的一面,同时也可看见它的其余的两面。严格说来,这类的精神活动,还是整个的。

人类是最进化的,举凡一切之思想行为,各有其相当之目的。然则,"知"之目的为何?曰:"知"以求"真";"情"之目的为何?曰:"情"至于"美";"意"之目的为何?曰:"意"至于"善"。十九世纪以后,求"知"的科学,日见昌明,几有一刻千里之势,吾人之衣、食、住及日用所需之物质对于吾人直接需要上的东西,无非受科学之赐,而宇宙的"真",也被吾人逐渐地探索出来,科学万能的声浪,也随着空气而传送到吾人之耳膜了。吾人物质享受之领域,既如此广袤,而社会里人我相处的方法——换言之,即社会秩序之维持——不得不借宗教的引诱和嘉言、懿行等历史事迹的种种伦理的教训,然后社会可以安宁,人心渐归于善。谈到这里,也许有

---

① 此文先以"艺术谈概"为标题发表在《二师月刊》第1期,主要是第一部分,其他部分未见,文字略有不同。初稿约撰于1928年10月。

人说：由上以观，真的方面有科学，善的方面有宗教和伦理等，那么人类的生命，便可繁殖、持续了，又何需乎美？

固然，人类有科学、有宗教和伦理等，便能维持着我们人类之躯体的繁殖和继续；但，"真""善"两方面所维持的繁殖和继续的"生"，还是片面的"生"、畸形的"生"、牛马的"生"，还不是整个的"生"、人类的"生"。何以故？牛也，马也，它们也能够营它们的物质的生活，它们也有它们相处的方法，它们也能够繁殖它们的个体，它们也能够持续它们的种族；我们人类，如果也像它们一样的生活，岂不是闹成笑话么？人类是最有灵性之动物，也有其所以为人之方法，于是除"真""善"而外，当然还有其营精神生活之"美"。吾人如唱一曲歌、弹一会琴、画一幅画、作一首诗……无不是吾人情感的流露，吾人日沉浸于这歌、曲、诗、画……之中，则吾人的情感，更加"美化"了；歌曲、诗、文……是甚么？曰："艺术"。

总之，人类的精神活动，既归根于"知""情""意"三方面，这三方面应令其平均发展，三者缺一是不行的。现代的科学和道德，固为一般人所重视，独以艺术为小道，多略而不谈；于今，我也来谈谈艺术之重要，以完成人类整个的"生"。

再把人类精神活动的目的和手段，列表于下：

手　段	目　的	精神活动
科学	真	知
宗教　伦理	善	意
艺术	美	情

二、艺术足以救济科学之弊

科学之赐予吾人以各样的物质之享乐，吾人当深深地感谢；然而，科学愈发达、知识愈增高，而人类的残酷也愈甚。因为知识本身，原无好歹，既可用以造福,也可用以酿祸。古代人类知识幼稚,其奸诈虚伪的程度,远不及现代人类之万一;杀人的利器,也没现代人类的发达。如古代人类的战争,要杀死一个人,实在是不容易,岂若现代人类之用毒瓦斯杀人的方便;甚至于能够祸国殃民、残害人类者,都是一般强有力的知识阶级。试把整个的国族,或人类,慷慨地交付给那般知识薄弱的乡下人,他们固然不能把它弄得好,也没有法子破坏。假如那个国族或人类,被知识程度过人者所攫取,那么立刻便可把它的生命断丧了!可是,立足于二十世纪的现在,人类的知识,如果回复到和古代人一样,也是绝对不能维持生命的继续而被淘汰。因此,现在只有一方面极力求科学之进步、知识之增高,另一方面再尽量地利用艺术的陶冶,使一切的人类,都忘了人我之见,于是乎一切的私欲,自然摒除,害人利我之念,也便无从而发生,人类的残酷不消灭也自消灭了。盖知识如快刀,可以杀贼,也可以杀人,只因用之者的如何,而发生不同之现象。如果人类的私欲存在,则知识有时不免为私欲所利用,而造成一切人类的残酷;人类的私欲如果利用艺术的力量而摒除,则快刀只是用以杀贼,而不至于杀人。科学之知识,只能造成人类物质的享乐,而不至于祸国、殃民、残害人类了!

进而言之,吾人利用科学以求真理,只得用客观的抽象的方法去讲求,故所得仍属片面的、浅薄的现象,岂若艺术之用主观的具体的精神,以深入于对象的里面,而得到之一种感应,以把捉其内部整个的人命为真确。席勒曾说过:"美非一种架空之想象,乃真理之显现、真理之直观,由于美的享乐,即达真理之路。"由是以观,艺术不但可以救济科学之弊,而且是求真中之一大径路,并能予科学以直接或间接的一个有力的帮助。

三、艺术可以替代各种伦理的教训

人与人相处,因私欲之存在,因之残酷的现象,跟着知识之发达,而日甚一日。于是古代的人类,或野蛮的民族,遂有一股有心世道者,倡鬼神之说,假设种种宗教,以维系人心。若佛教之有释迦牟尼,耶教之有上帝、耶稣,以至于自然现象之日、月、风、云、草、木、山、河……都有神之存在,再引诱以天堂、天国等名目,而寓以惩恶劝善之意。及至近代,人类知识发达,鬼神之说,已无存在之地位;教之本身,也多因着一己之私欲,和其他利害的关系,也大起残杀,失了一般人之信仰。故此,现在所可借以维系世道人心者,也只有嘉言、懿行等历史事迹的模范和法律的压抑而已。然而,嘉言、懿行等历史事迹,固为一般知识阶级者所讲求,但仍敌不过自私自利之私欲,甚且为私欲所利用,反成为"为奸作恶"者的门面的粉饰,以愚骗社会人之耳目。况且那些嘉言、懿行等历史事迹,多数是典故的、骸骨的,绝对不能适应于现代社会的需求,故现在能够继续存在而暂时维持社会之秩序者,只有片面的法律而已,此所谓由鬼治之社会而于法治之社会也。但是,法律只可以暂治其已然,而不能根本改造人们的心理,且只能粗治其轮廓,而不能启示微妙的人生,其远不及艺术能力的伟大,可以陶冶吾人之品性,潜移默化,自忘私欲,不期然而然地纯洁起来。同时,社会也不期然而然地跟着秩然有序者,不知几千万里。且种种伦理的教训和法律的制裁,都是规范的、压抑的、义务的、凝滞阻碍的,其流弊足以使社会之进步停止或退化。艺术的感化是直觉的、趣味的、自发的、活泼渗透的,甚至于人类社会一切的进步和创造皆有靠于艺术的力量,路斯金(John Ruskin)有句话说:"培养趣味的事情,就是所以造成品性。"

四、艺术是无阶级性的

艺术既然有那样伟大的效果,自然不是普通所谓"生活的调剂""无聊的安慰"那样消极的说法,也不是有闲阶级者之玩物,是积极的进展,是一切人所共有的东西。因为艺术的鉴赏和创作,都是人类固有的本能,不论男、女、老、孺,以至于极原始、极野蛮、极文明的民族,皆具有艺术的特性。试举一个例来说明:不论任何人,比方在夜里从屋内跑到屋外去的时候,在野外或庭前,见着天空中挂了一钩明月,谁不爱望着徘徊一番,等到缓缓地走回屋子里的时候,一定向着他的同伴说:"外面的月亮,是多么光亮呵!"不禁赞叹了一番才罢。这样的爱在月下徘徊,便是艺术的欣赏;和同伴说的话,便是艺术的创作。虽然只用言语表现出来,实在已是很宝贵的艺术品了。因为的确赏月者,那时候不知不觉地精神已被月亮震动着,心灵已被月亮陶醉了,在那一刹那间,如果不发表出来,心里便觉得被大石头压住似的苦闷不过的。已经有了这样的需要,便不得不来找些发表的方法,正因着所用的材料的不同,便成了各样不同的艺术品,贝吐芬(Beethoven)Moon-Light Sonata 一曲,便是这个例子的一个很好的证据。试问那个时候,还有顾到甚么功利呢!还有想到甚么私欲呢!况且大自然本是无私的,如日月星辰的棋布,大地、山河的罗列,风云雨雪的幻灭,鸟兽虫鱼的飞驰……何曾稍有所私呢!即无论那一个人,皆可尽量地去欣赏、尽量地去创作,以臻于"无我"之境域。于是人类的精神,一天天地向上,美之神也一天天地来临,由人类而组成之社会,也随着一天天地美化了。至其极则人人之间,各能顺从人性以行,自由自在地无一些屈抑和沮塞,同时也不妨害他人的尽性发展其生活,这样的社会,便是美的社会;这样的天地,便是美的天地;这样的人生,也是美的人生。

美的物质(知识)+美的精神(意志和情感)=美的人生。

一九三五年,九,十,于潮州
原载《中国美术季刊》创刊号,1936 年 1 月 1 日
又连载于《韩师周刊》第 2 卷第 25、26 期,1936 年 3 月

国画创新应取的途径

艺术是时代的产物，是民族的反映；于是乎各样的艺术作品，以富含有时代的民族本质，才能得到相当的价值。即以中国人而学其他各国的绘画，虽然是用了外国的材料或方法做成，其内含也要有极充分的中国民族本质，才是中国人的作品。不然，中国多了一个外国人，多了几件外国作品，实际上对于本国，是没有多大的裨益，而于外国人，也不需多此一个假装的儿子。至于含有时代民族本质的作品，固然是某时代某民族的产物，倘能再进一步，作家也可以用一种超时代超民族而又不是其他现有的时代和民族的作品，来改造时代、创造民族，有了这样的艺术作品的产生，那真是无上的宝贝了！

中国的民族，是优美有余而流于颓靡的民族，对于一切的追求，都是沾沾自得，度着得过且过，不求长进的民族，于是各样固有的艺术，如文学、绘画、雕刻、建筑、音乐、戏剧等等，多是靡靡然觳觫地抹粉涂脂而向人乞怜的作品。这些作品，固然是我们民族的反映，可是这种作品、这种民族，在现代的社会上，实在没有生存的力量。故此我们眼前的需要，便不是这样的作品，而是要着适合时代生存，或超时代的改革民族的作品。

在最近的十余年来，中国的艺术界，渐渐地已有了这样的感觉，因此研究创新中国绘画的人，一天多似一天，图画的位置，也一天高似一天了。可是一般的作家，能达到这样目的的，确是如凤毛麟角，或囿于师承，或迷于家数，除了那些陈陈相因的墨守古法者之外，结果随处皆张着安吉的旗帜，来占据了山阴的领土而已。甚且为着自己十分满足的缘故，把旧时沾沾的民族性，又恢复了！

一切治学问的人，既须有过人的天才，又须竭了一生的精力，或许可以希望有些少的造就,虽然难望于人人必有浩大的天才,而竭一生的精力去深沉探索,是无论何人所应有的事。故此作家的致力,如果没有发表的必要,可以终年不写作,但不能一日停止其探索和研究,探索所得,便是我们所有的粮食,我们的营养充分了,我们的精神健全了,于是乎可言写作。如果不加营养,徒言创作,正如只知泡茶,而不时时加上茶叶,必至渐渐地归于没有味道。

中国的艺术,发达很早,一来已代有名家,积下了数千年所留存的极丰富的宝贝,其中各有各的个性和面目,各有各的创作的精神,而一时代也有一时代的作风,如果略有中国绘画常识的人,是不能否认的。而且在每个时代里的无数作家的无数作品中受淘汰而留存的作品,自然已是有很大的成就和价值,才得流传下来,我人如果能够不断地广博地去研究探索,当然可发见许多新的领域和启发了无限的活跃的创作精神。于是在不知不觉里,便有很好的新的作品产生出来了。不探索前人的作品,固然营养缺乏,囿于师承或迷于家数,最多也只能得到畸形不正确的生活,要希望其能创作真正的艺术作品,实在难乎其难。

况且一切艺术的新创作,绝对不能用某种方法和计划,便得成功,吾人生活在现代社会里面,受了现代种种环境的孕育,再有了各样艺术的探索和启发,所表现的,不期然而现代化了。如果进而对于现代的社会或民族有所不满,而隐伏着创造社会或改革民族的精神,一受了艺术探索的启发,所表现的,也自然而然地成为创造社会或改革民族的作品了,那用着什么方法和计划呢!要之:艺术的创作,是完全建筑在人类的精神和情感上面,有那样热烈的情感,便自然地有那样热烈的艺术的创造。倘缺乏了情感,任你如何地计划,也是做不出真实的东西。一切的艺术创作,如果用着什么计划或方法,那只可以叫作"制造",绝对不能叫它作"表现"了!

现在新中国画的计划,实在太多了。于是三钱银花二分甘草的药方式的作品也充斥了。而一般新进的艺术追求者,也五花八门地计划起来凑凑热闹了。其实他们所制造的,何曾是新中国画呢!新中国画的产生,还要待于未来的有绝顶聪明和充分的学力者的努力呵!比方中国现在流行着的新诗,那何曾是中国诗!简直是用中国文字写出来的洋诗呵!它何曾有些儿的中国风味呢？难道用中国文字写出，就算中国诗么？这真是一般想享大名的作家所计划制造出来罢了！

至于艺术创作的统一技巧，或竖立门户，也都是那野心大家的想并吞艺术的领土以树其势力和猎取功名的劣手段，是极违反人性、阻碍社会进步的举动。因为一人有一人的情感，千万人有千万人的个性，如果人人能够本着创造的精神去发挥，社会是何等灿烂而进步呢！一受了人家的诱惑而统一去了，结果只形成了一个单调而畸形的停止进步的社会。

更进一层：异国的艺术，山、川、人、物和风俗，也须有锐敏的眼光、冷静的头脑、深沉的心思、精细的认识去研究探索，使我们的营养，更加丰富，则我们表现的力量，更加充足，只要你能够把这么丰富的粮食，咽下了之后，完全地消化，才是我们创作的帮助。石炭虽然是发电必须的材料，倘若错认石炭即电力，岂不笑话？

我极希望有志创新图画的同志们，一齐本着这样的途径，勇往直前，继续不断地尽量去努力工作，至于成功与否，可以不计，我们只有"只问耕耘，不问收获"，于是中国灿烂地适合现代社会生存或超时代的改革民族的作品，也自然继续不断地产生了！

廿五年，双十于潮州韩山书院
原载《中国美术会季刊》第1卷第3期，1936年9月
又载于《韩师周刊》第3卷第17期，1937年

记王教务的努力与美的关系

艺友陈君,最近对我说了一段王教务的故事,我觉得他所说的话很有发表的价值,而且的确是美术科在一般学校里情形的缩影;因此,不惮烦地把它如实写出来,给大家看看,同时也很期盼各地学校的美术教师,多多地把自己的闻、见或亲受着的学校美术教学情形,也写出来介绍给大家看看,以俾作研究一般学校美术教育的对象。

中国的艺术,是具有相当悠长的历史,音乐和诗歌,是发生于有了语言以后咿咿呀呀的咏叹;绘画则发生于未有文字之前,且用以替代文字的记述。可是到了近二三百年来,那般专制的皇帝们,借八股文章取士,而实行他们的愚民政策,于是乎把中国数千年艺术的精华,落得个一日千丈了!书塾里的老师,如果看见了学生们唱一个上尺工,或印一张水猫(用茶杯盛满清水,然后滴下几点墨汁,把口一吹,墨痕便动荡于清水之中,成种种的花纹,立刻再用白纸,轻轻地印于水面,即时拿起,纸面上便印有烟云般、山川般、禽、兽、虫、鱼般的形形色色的痕迹,乡语叫作他印水猫),便要拉他们来打敲几个手掌。满清末叶,罢了科举,倡办学校,艺术科目,虽然也占着了学校科目中小小的地位,再经过许多艺术家的提倡、创作家的努力,可是一般的人们,对它还是很淡漠,很瞧它不起,担任艺术科的人们,依然还是免不了要受着学生们、当局们、同事们、什役们、学生的父兄们、社会里一切的人们所鄙视。便是都市里比较长进的学校,至多也是要等到举办学校成绩展览会的当儿,才把艺术来利用作装饰门面的东西。因为学校成绩展览会里,虽然各科都有些少,可是那些作品,只可以供给少数的内行人看看,一般的观众,都很模糊地走过,远不如红红绿绿灿灿烂烂的各种艺术品来得有趣,到这时,学校也不得不利用这大多数的艺术作品来表现它的成绩了。

王教务是一个善于娇媚的教育家。有人说他从前只是个中学生,因为他是外江人,操着一口似是而非的国语,而且得着相当的人的介绍,于是一般的师范的学生,也只得不敢妄下臧否。一个秋天,学校恰巧换来了一位新校长,办事倒很认真,于是他便汲汲遑遑地日夜计划着要表现他的努力和成绩,以冀巩固他的职位,于是想出了两个办法:(一)密密地更换作业时间表和功课表;(二)极力地倡开美术展览会。

他在乡下的时候,看见那些妇人们的每天所做的家计,都是把太阳的出入,来作时间的标准:日出了烧早饭,日中了烧午饭,日落了烧晚饭。冷天白天时间短,晚上七点钟便睡着觉;暑天白天时间长,晚上乘凉到十二点钟还不肯上床去休息。于是他也利用了这个方法,密密地随着白天时间长短,来更换作业时间表了。有时候,每一个星期,便要更换一次,至长的每一种时间表,也不过适用于二个星期以内。举个例子来说,比方每天起身的时间,有由早晨五时五十分而改为五时五十五分,再改为六时正……这样精微的更换,功课表也如是地随意调动,一学期至少也要七八次。因此,先生们住的房子里,壁上总是不久便贴着了厚厚的一大叠。

他倒很聪明,知道一般学校到要表现成绩而开展览会的时候,不得不临时侧重于艺术作品,于是他要表现他的努力的成绩,当然也要来利用着它了,他便乘着开学后第一个艺术会议的机会,提出一个案子说:"本学期虽然我们的学校,已经预备了一个大规模的若干周年的纪念成绩展览会——第一个——可是我们每学期都举行的小艺术科展览会,还是要照例地举行——第二个——至于本届暑期作业中的艺术的成绩,还算很好,请诸位把它整理一番,来开个暑期习作艺术展览会——第三个——"

这样地过去,秋色也已深了,霜叶也红着了,大地上笼罩着的空气,也越发明亮了,风景也越发好看了。学生们也拟趁着这样的时光,去领略大自然的美景,来和他磋商到别处去旅行,他也答应着说:"……可以是可以的,不过你们旅行回来,要开一个美术展览会——第四个。"

这样的时间又过了,元旦快要到了,他的表现努力的成绩的机会又来了,想到这里,连忙地又跑到校长室里去说:"政府虽然连年提倡国历,可是一般的民众们,对于这事还是渺然,我们学校,论理应当再来开一个美术展览会,闹一闹热,来引起民众们对于国历的注意。"校长以为他所说的确是很名正言顺,答应他了,他便没头没脑欢天喜地转身跑回来,脚儿还没有踏出门槛,身儿已成为一条斜线似的在门外很得意地说:"来啦!我奉了校长的命令,元旦又要开一个美术展览会啦!——第五个。"到那时候,也便挂满了礼堂、教室、宿舍,红绿纷披的美术作品;可是学生们乘着放了三天的假,多数回到家里去,校门外的民众依然和平时一样地没有跑进来一个。

这样地又过去了,他坐在办公厅里呆呆地继续在想着表现成绩的时候,蓦地里,听见了室外的工人说着:明天本乡的老爷要入火啊,一定是很热闹啊!(乡下人叫神做老爷,乡土习惯,神庙落成后,把神像抬进去,烧香膜拜叫入火。)原来学校门口有一座祀三山国王的神庙,叫做明贶古庙,乡里的人,以为这几年来商业的不景气的缘故,以为是这座庙的风水,给学校年年高高的新建筑所冲伤,因此,便计划把这个地头庙来改建高些,以希望乡人的不景气,从此可以得到一个转机。(乡人叫最接近而被管束的神作地头老爷,祀它的庙叫作地头庙。)现在已经建筑好了,择定吉日,集众乡人,备丰厚的礼物,热闹地入火顶拜,而邻乡也多数乘机来看看热闹。他听见了这个消息,又以为表现努力的机会又来了!登时吩咐了担任理化的教师,先时预备了各样的理化游戏,届时可做给大众看看,同时又出了通告通知各个艺术教师说:"……奉了校长的面谕,准备明天开一个展览会,请诸位美术教师,于午饭后开会,磋商一切筹备和进行……——第六个。"各教师以为日子很急迫,结果到会者,只是一个等着一个,一个来又一个跑去了,等到上下午第一个功课的时候,会议还是开不成,他说:"等下一点钟开开好罢!"时间又到了,一个人也没有到会,他又另发了一个口头的通告说:不……

他对于自己这样的努力,还觉得不十分满意,于是又想出各地学校的艺术科,大多数于每学期结束的时候,都比较其他各科略略先考,这种习惯,也需要改良。可是恐怕学生们临考试的时候,因科目多起来,预备应考的时间,不很充足而惹起反对。照旧下去呢,又再无别个办法,可以做他努力表现的对象,于是也便把这个问题,提到艺术科会议去讨论。他想这样的办法,如果有经过了会议的通过,至少将来不幸惹起学生们反对的时候,他可以卸其责任,而委之于会议,他说:"我们学校艺术科的成绩,实在是很不像样,究其原因,由于每学期的学期考试的时候,艺术科提前考试的缘故;我们从下一个学期起,应从新改良,把艺术科的考试时间,来和各科一律同时进行……"艺术科教员中,有一位姓林的,对于艺术方面的学问,创作和教授上都很努力,也有十多年的教学经验,在本地的教育当局,都说他是一个积极努力艺术的人。听了说:"这事原是属于学校行政,贵处尽可以编配改良,大家自当遵行的,这个会议,实在很不敢当。而艺术科成绩的不好,我们自然不能辞其咎,最好还是请王先生另介绍几位学识经验都很丰富的先生来担任好吧!至于成绩的不好,原并非考试时间的关系;可是考试时间的改进,我们当然也没有相当的理由来反对,其理由只有像先生编功课表似地,把它编在每日的第七八时罢了!"王教务听了说:"……那么等问问校长好么?"林说:"先生既认为有改进的必要,便大家都来改进……又何须问东问西呢?先生究竟是要开会呢?是要问问校长呢?"这案结果,大家都赞同改良。

旧学期匆匆地又过了,新学期又来临了,王教务还是特地把这个问题,提出艺术科会议,作个郑重的报告。举行总理纪念周的时候,又亲自向着学生子们详细地宣布,而结果还是没有看见实行。

王教务努力的精神,实在实令人钦佩,可是他五花八门地乱滚,而大都却是忽生忽火、极无定性地不停地流动,只赢得学生子们赐给他的一个"神经教务"的头衔。

原载《中国美术会季刊》第 1 卷第 2 期,1936 年

艺术的民族本质

为着有了与生俱来的潜在各个人们心儿里的爱美的天性,于是不论任何民族,都有其民族的艺术。假如你要知道某个民族的文野,在它的艺术作品里面,便可以完全地观察出来;而且为了各个民族的历史背景和民族性的差异,也可以在它的艺术作品上,深深地给予我们的认识。

艺术原来和科学是没有多大关系的,科学进步的民族,固然也有它的艺术,而它的物质生活的享乐,当然比较地舒适。艺术进步的民族,它的物质生活如何,姑且不论,而它的精神生活,当然是绝对地向上的。因此:"科学进步的民族,其艺术程度,未必跟着而高超;科学落后的民族,其艺术程度,未必跟着而低下。"

我们中国的科学,一向都很不讲究,所以我们的衣、食、住、行以至于保护国族绵延着的武器,是落得这样薄弱,可是在艺术方面,则不会为着科学的不长进,便把那极进步的艺术,也抹煞去。我国的艺术,除了逊清的用形式文章为准则来愚弄国民而减少进步之外,不论文学或绘画……各时代都有各时代的转变,各时代有各时代的创造,如果略略地具有认识中国艺术眼光的人,一见了某种作品,便可判定那种作品的作风,是某个时代的作品,这样,中同艺术的转变和进步何曾为着科学落后而停止呢?

晚近百数十年来,我国的人们知道了本国科学的缺陷,大家都跑到外面去研究,同时又发见了西洋民族艺术的趣味,也有跑出去研究艺术的,这是东西艺术沟通的一种好现象,而且从此可以盼望着使中国艺术的园地,得到增加多少的滋养。然而事实上却有些不然,因为一般跑出去研究西洋艺术的人们,起初根本对于本国艺术,是没有相当基础的认识,于是喧宾夺主,而且一方面又要声张他们的令誉的缘故,回到本国以后,便把本国进步的艺术,一贬而至于几乎没有存在的价值,这是何等失望呢?幸而近十年来,他们对于本国固有的艺术,渐渐地已有相当认识了,自己也跟着涂抹几笔了,其中也有不少写得很好的了。这样一来,中国艺术的位置又缓缓地高起来了,介绍到外国去了,外国人也渐渐地羡慕了我国的艺术了,而具有民族本质的中国艺术的位置,才得回复到它的原来最高的地位。

说到这里,也许有人问:"东方——我国——的艺术好呢?西洋的艺术好呢?"我以为这是绝对没有一个人敢下断语的,而且绝对没有希望着谁来下这个断语的必要,因为西洋的艺术,有西洋民族的特征,也有长足的进步和转变;而中国的艺术,也有中国民族的特征,也不断地转变,且其进步较之西洋,已远在数千年之前。大家都有大家的背景,大家都有大家的面目,而其风趣,也各有各的不同罢了!用一个滑稽的比喻来说:"中国人长得好看呢?西洋人长得好看呢?"这也是很难答复的问题。如果你是中国人,对于中国的认识,深刻一点,自然要赞中国人长得漂亮,而嫌西洋人的面庞,各部分的比较长得太剧烈;另一方面西洋人也要嫌中国人的面庞长得太平淡。假如大家都加上一个好奇心,则西洋人必以中国人为奇特而美,中国人也以西洋人为奇特而美,究竟是谁长得好看呢?

在这两种进步的美术追求当中,一般中国画家,都有意要创新中国艺术的倾向,到了现在,这问题已经成为当代青年画家所希望着的一个最重要的努力。我个人的意思:以为不论如何的创新和转变,须具有本国民族本质,不必如三合土般的参合而产生变质的作品。努力中国艺术的艺人,只得用西洋艺术或其他种种的素养,来作我们的养料,而我们能够消化,以充实我们的力量而表现出一种有民族本质的更强有力的作品。因为我们的中国,已有了数千年的特殊的历史背景,和特殊的东方民族本质,更受了现代生活的熏陶,和种种有意和无意中的素养,已够使你自然地表现出一种特殊趣味的现代作品了,这些作品才是中国艺术作品,才是有中国民族本质的艺术作品。如果用一种参合硬凑的方法,像一个中国人,穿着了一套洋服,再着了一对日本屐,然后加上一项自己的瓜皮帽,便夸他是中国的新装束,可不笑话!

还有人是这样的主张,以为中国人可以同外国人结婚而产生一种混合的儿子,这也是一个办法。可是,这种儿子,你要说他是中国民族,还是外国民族呢?毕竟是一个杂种子,不能因其国籍之如何而说他是某国的新国民啊,因为根本已失去一部分的民族本质了!日本的画家,有不满意他们的日本画原来是中国画,后来又受了西洋画的影响,而变成现在的参合的状况而没有他们的民族本质,于是有几个人同站在一条战线上,组织了一个会,共同去努力这样的工作;这样的志气,实在令人佩服。可是不论他们用了若干计划和方法去努力,终归于没有什么成功的可能,因为艺术品原来是人们内心潜在的表现,不能像科学般的可以用着某种方法或计划而成功。日本的民族,毕竟是中国民族的儿子,还要创造个什么?

廿六年元旦写于潮州
原载《中国美术会季刊》第一卷第4期,1937年1月
又载于《韩师周刊》第3卷第26期,1937年5月10日

参观黄展应有的认识

一个民族有它的民族性，故此，它所表现出来的艺术品，便富含着它的民族的本质。我们中国，科学方面，虽然很落后，可是它的艺术的程度，却比其他的任何国族来得高超；这是为着爱美是天所赋予人们的本能，而且人类是富有情感的动物，于是也有美的发表的需要：只是为着材料的不同，而有各种艺术品类的差异罢了。我们中国的绘画、文学……等等，积下数千年，一向都有不断的进展和转变；而且自己有自己的面目，自己有自己的独特的民族本质，即当代的西洋画家对于我们中国的前途绘画，也渐渐注意而羡慕着了！

可是西洋的名画家羡慕我们中国的绘画，只是要利用去充实他们的营养，并非要来抄袭我们的画去作他们像三合土般地参合。不像我们一般创新国画的画家，只知抄袭了一些日本绘画或其他民族的绘画，而自命为新中国画以自豪。其实这类的绘画，委实已经变性，已经失掉民族的本质了！比方有一个中国人，穿了一套洋服，再着了一对日本屐，然后加上了一顶自己的瓜皮帽子，于是便向人家说："这是中国的新装束啊！"大家相信不相信？

我的意思：以为世界上的任何民族的艺术品，大自然……以至于一切，如果可以充实我们国画的营养的，我们无妨尽量地采纳；只要适合我们的身体，而能够消化，以增加我们表现有民族本质的艺术的力量就够了。那些东拉西扯的勉强凑合的作品，实在已失去中国绘画的风格和民族的本质呵！

家泽是个画兼中西的青年画家，也是努力创造中国之新绘画的健将，我和他相识好久，他的头脑很沉静，性情很和蔼，而具有坚强苦干的精神。

他的洋画，固然是从大自然中得来，他的国画也是由写生而得。他把洋画的素养，助国画的表现，再以国画的素养，以助洋画的充实，在画面上，并不如三合土般的凑合，而为具有民族的本质。他平常默默地不夸耀他有什么创制，而自然地有他的新意匠的表现；也不爱人标榜，只诚恳地接受人家的批评，于画家道德上，在当代青年画家中实在是不可多得一个。现在他把他年来的收获，出而展览，我觉得他所表现的，和我创新国画的见解相近，故于他的作品之外，特地把他的生活，略略地加上些许介绍，因为要赏鉴或批评某种作品，对于某个作家的性情，也需要相当的明了。

他这回的出品，以我个人的感觉，都能够把他的真情感，整个地在他的画笔上，完全显露出来，那一种醇雅秀洁的好处，的确使人们爱近，而其用笔的灵活，更能够启发人们无限的生意。构图虽然很新颖，而没有矜奇的弊病，设色虽艳丽而能洗去繁华，且一望而知为中国的绘画：这些都是作家个性的流露，而具有民族本质的作品。

原载《中山日报》1937年2月6日

附：黄家泽《自白》

艺术是文化的重要细胞,艺人是细胞里的重要原子;人类要求进步,实有赖于文化之进步,同样我们要求文化进步,自然不可忽略艺术和艺人。

文化怎么才是进步呢?从艺术方面说:追随别种事业而含有时代性的创造,或超越其他文化事业的前头领导而共进的,都称进步。前者一般从事文化事业的都可达到,后者则非有先觉之天才不能为功。我们要想达到这个目标,自然要集全力于创造。艺人情感表现的作品,在艺术史上未必便成伟大的创作,但是显赫不可一世的名作家,其基础实建筑于此。

我是一个醉心艺术的人,在文艺复兴期中的中国,要来努力这种进步的工作,真是谈何容易!不过在许多埋头苦干于创造的作家阵里,都极愿意来充当一名摇旗呐喊的小卒,究竟我所喊出的呼声是怎样,能不能达到所预定的目标?靠我自己的意念来判断当然不能说是准确。因此我便乘寒假期间在师长和许多朋友的督促中,决意举行一次画展。

因为行李转运不便的缘故,这次陈列的作品,只是很少的几幅,而且都是在百忙的课余里写成的。一个作家惨淡经营的作品,通常难免还有许多毛病,我在这些作品里虽然对于技巧构图、内容、时代精神……等也下过考虑,可是不如意的地方还很不少;不过这次展览的目标,实际是希望能在许多高明的艺术家指导之下,得到正确的批判,使今后得完成创造的素志,而冀有以贡献于文化的进步。

个展开幕了,在诸位眼前,公正的批评家,请勿吝金玉,多多地赐予指导吧,谨竭诚地祈求着。

原载《中山日报》1937年2月6日

赠王少兰《游踪纪略》山水册页序

年来游踪所至,笔之于册,或欹崎历落,或山居野趣,不限于一景,写法亦不限于一家,盖随时随兴书之也。少兰宗兄屡索余作,久未报命,壬子冬杪,喜晤古榕,谈次所及,即出箧中所存十二叶奉正。

余曾游四方林、狮子洞,后不复往,得诗云:"此世徒荒三宝偈,何缘重上四方林。况逢诸弟来为伴,且喜层云作复阴。漠漠浮生尘未减,绵绵绮语债还深。芙蓉已是如来坐,我坐芙蓉更苦吟。"数游大珂,以未游凤甲为憾,大珂绝似故乡韩祠,虽得一诗,未尽所感:"大珂岬峷数重临,凤甲匪遥懒未寻。商略巧从间道转,不知渐入白云深。中年已闲双游屐,来岁还图五岳心。忆上黄岐今廿载,脚力何曾胜于今。"自巳至壬,诗几成册,忆自题近照云:"沧海横流似叶身,认他骨相怪嶙峋。去家飘荡几千里,老我荒唐第一人。空眼望天惭近视,短髯遇物亦添瞋。文章信美终无补,破浪乘风到处春。"读余诗者可知余之素志也。

少兰与余交馀三十载,形迹虽远,而所好无以异,于其室中钟鼎彝器、名古书画,靡不兼收并蓄,以自怡悦,其风雅可想见矣。癸未正月晦日,院居多暇,因缀数语归之,少兰其亦知余也夫。

显诏弟严

是特地印出来给读者讨论的

许石民同志的国画《江南的春天》，看起来有一些新的气息。但画里面的鸡为什么是那样大而人是那样小呢？检查一下：呵！鸡是摆在最近的地方，人是摆在较远的地方，很合理。而且在画面的左上角较空的地方，还有一只水牛和牧童就更小了，因为他们是摆在更远的地方，也合理。我想：《美术》杂志是全国最标准的杂志之一，因此它所发表的作品当然是好的，是有代表性和示范性的，是可以给群众进行学习的。但是，我觉得《江南的春天》是一幅存在着许多缺点的作品。它给人的感觉是拼凑的，而且在形象塑造方面也不够真实。作者画了春天的桃花、春天的鸡儿、春天的人物和春天的水牛，意图凑成"江南的春天"。但我想：春天的东西还有许多未曾被作者搬进画面，虽说桃花的确是春天开的，但是那几个人物，我却不知道春、秋两种季节是怎样分别；鸡和牛，我更不懂得画出来四季要怎样分别；竹椅儿我也不能绝对确定它是夏天用的还是春天用的。

从人物的动作来看：画中那个女人是用半坐半卧的姿势在绣花，使人感到很不舒服。如果用这样的姿势来阅报或看书而手把书报拿得高了一些还可以看得，但用这样的姿势来刺绣却很不方便，而且在现实生活中也很少见这样情况。一般在绣花时的目光总是要正对着所刺绣的布面，或略斜一点（大约成 70—90 度角之间），而画里那个女人的眼睛与刺绣物的角度斜得几乎成并行的了，甚至看起来她的目光是在俯视着自己的胸部而不是注视在她所绣着的花。此外，对于她的左足的描绘也很差，从她的裤子的皱纹和足掌跗骨与胫骨连接处的斜度来看，那下腿的胫骨是已经弯断了的。

从牧童和牛方面来看：牧童牵着牛是牵向没路的地方去的。牛儿的腿也矮得像猪一般。

从鸡和桃花的关系来看：近处的桃花原来是整棵桃树的一部分，是长在一定高度的空中而不是倒贴在地面上。画面上三只鸡的神气都像要去啄啄桃花；虽然在画面上画的鸡和桃花的距离很接近，似乎可能这样啄到桃花的。但实际上桃花是长在很高的空中，鸡是行在地面，是不能这样啄到的。还有最值得研究的是：在画面上，桃花是处理在画面的中部和鸡的前面。但是实际上桃花的整个树干，应该是生长在鸡的后面，那么鸡子又怎样能够啄到桃花呢？现在的画面因为只画出桃花在空中的一部分，所以便造成了桃花和鸡儿远近颠倒的情况。如果作者说鸡的姿势不是要啄桃花而是要啄那小孩手里的菜叶，那么，鸡和菜叶在地面上的距离是更加远了，所以也是不可能的。

再从这幅画的整个构图和主体的东西来看：除牛和牧童之外，鸡、桃花和人物，根据他们的大小和可占的位置都是这幅画的主体的东西。这样，主体的东西就显得过多而分散了。而且这几堆东西都是"各自为政"而完全没有联系。鸡和桃花似略有联系，但正如前面所说，前后倒置，是不合理的虚假的联系。

以国画构图的习惯而论，这张画如果以花鸟作为主体，那么，便不应该画人物和牛；假如必要加上适当的人物，便应该画上养鸡或者赶鸡等有联系的人物，而且还应该把桃花退让到次要的地位而成为一幅人物画；绣花的妇女、牧童和牛，当然都是不必要的。

如果把刺绣的妇女作为画的主体，那么，鸡和桃花应退让到次要的地位——桃花只作远景，鸡也须小小地陪衬在旁边，牛和牧童则可以割爱。

牛和牧童也可以作一张画面上的主要景物；如果这样，那么桃花和鸡便应退让到次要的地位，而刺绣的妇女，便很不容易加进去。

从许石民同志的这幅国画的画面上看来：刺绣的妇女可以作一个画面的主景，牛和牧童也可以作一个画面的主景，鸡和桃花也可作一个画面的主景。现在把这三个主景都搬到同一个画面上来，而处理成为"二主一宾"的情况，甚至这三个组成部分又完全没有联系，凑成了一幅"似是而非,似非而是"的怪画。

  但是,为什么发表这幅作品呢?我总有些莫明其妙的感觉。于是便把自己的意见写出来,希望引起进一步讨论。

原载《美术》1956年第9期

让我们更高地举起毛主席的文艺思想红旗，奋勇前进！①

各位首长、各位代表：

我是一个文艺工作者，光荣地参加了这次的会议，听到叶广仁县长所作的政府工作报告，胡副县长财政预决算的报告和刘斌书记的讲话，认为这些报告都是很正确和很详尽的，同时知道我县二年来所取得的成绩是巨大的，今后工作的任务是光荣的，前途是光明的，形势无限好，这给了我很大的教育和鼓舞，因而我衷心地拥护这些报告。

我们认识到：目前的国际形势，是东风继续压倒西风，是有利于全世界爱好和平的人民。例如最近以来，老挝民主民族解放运动的胜利，组织了临时民族联合政府，实行独立和中立。南越的人民革命也继续得到新的胜利。人民军队彻底粉碎了美吴反动军队的扫荡，把敌人打得落花流水，击落了许多美制飞机，无条件接收了许多美国武器，这也是足以证明美帝国主义者是一个十足外强中干的纸老虎。在古巴取得了反对美帝国主义的海盗式侵略的辉煌胜利。古巴位处在美国的门口，距离美国只90海里，美帝用尽了政治、经济、军事，想尽了各式各样的办法，要来扼杀古巴革命，而古巴的人民，在其革命领袖菲德尔·卡斯特罗的领导下，把美帝国主义者回击得焦头烂额，保卫了自己的国家，保卫了革命的成果，继续进行社会主义建设，为美洲国家树立了光辉的榜样。印度的反动派在美帝国主义的指使下，向中国进行武装侵略，在我国自卫回击下，一败涂地。在我自卫回击胜利后，主动提出停火和后撤，号召印方坐下和平谈

---

① 在潮安县第四届人民代表大会第二次会议上的发言。

判。这既维护了亚洲和世界的和平,也斩断了美、英帝国主义的侵略魔手,是极其伟大而英明的。

其他如全世界人民的争取民族独立和中立的斗争,我国也给以道义上和物质上的支持,民族独立的国家,一个接着一个地建立起来。缚在美帝国主义者颈上的绞索,是越拉越紧了。

我们也认识到:我们的国内形势,也是呈现着欣欣向荣的景象。从农业到工业,从乡村至城市都是生气勃勃,日新月异地向好方面继续发展。这是因为我们有共产党和毛主席英明的领导,有正确的方针政策、措施;有总路线、大跃进、人民公社三面红旗继续发挥巨大的威力。因而,虽然全国曾经遭受过连续三年的严重自然灾害,发生了暂时的困难,但经过全党全民的努力,我们国家经济情况,迅速取得很大的好转,1961年比60年好,去年比较前年更好。在农业方面,我县去年春、夏、秋三季的粮食都得到丰收,亩产量有的已经超过57年的水平;城市工业和手工业有了很大的发展;国家供应物资增加了,农贸市场不但品种和数量都大大增加,价格也大大下降,因而广大人民的经济生活,也随着有很大的改善。

我们美术工作者,最近一年来,在共产党和人民政府的正确领导下,有了"十条"的具体措施,更有了文化部党组和全国文联党组的八项决定,我们有了更正确的工作方向,再遵循着"百花齐放,百家争鸣"和艺术为工农兵服务、为社会主义建设服务的方针,经过大家的努力,也做出不少的成绩。

从继承民族文化遗产和培养新生力量方面来说:我们在潮州镇和重点农村,开设了国画讲座和版画讲座,向青年们介绍了若干古代的美术作品和现代作品,经常指导青年们写作。于每一次展览会中,也召集新老画家和青年们进行座谈,详细讨论研究各项展出作品,以发挥取长补短之效。

我们在党委和文化局、文化馆的直接领导下,组织了62年元旦书画篆刻碑版展览会、五画家联合展览会、青年学生展览会、综合美术展览会、63年元旦的中小学生的美术书法展览会并组织参加专区展览会、参加省群众展览会、参加省纪念毛主席延安文艺讲话发表20周年展览会,组织我县 4 位画家参加全专区 17 位老年画家展览会……等等。在专区每次展览会中，都以潮安作品的成就为谈论中心，得到全专区美术家和参观的群众们很高的评价。

再从学习方面来说：为贯彻文艺工作具体十项政策，我们参加了报告会和讨论会；为纪念毛主席文艺讲话发表 20 周年，组织了学习有关毛主席的文艺著作，除定期自学之外，还组织报告、讨论、座谈等 4 次，大家都能够对毛主席伟大的文艺思想进一步地认识，武装了思想，提高了创作水平。

至于政治时事的学习方面，是在我县政协的领导下，组织文艺工作者与社会人士作为一个学习组，每星期两个晚上，经常进行关于当前政治时事、关于以农业为基础和党的各项方针政策等内容的学习，通过学习，进一步正确认识当前的国内外形势，改造自己，提高政治思想觉悟，更加热爱祖国、热爱共产党。

最后，让我们全体文艺工作者，积极响应党的号召，高举毛泽东文艺思想旗帜，面向工农兵，广泛开展各种文艺创作活动，促进人民公社的巩固，促进农业新高潮，更好地为当前的社会主义建设事业贡献出自己的力量。

1963.2.4

跟着大家前进更前进①

各位首长、各位代表：

我们潮安县第五届人民代表大会第一次会议，在国内外大好形势下召开了。会上听了叶广仁县长的政府工作报告、刘珏副县长的财政预决算报告、县经济委员会王主任的国民经济计划报告，和县委李书记的重要指示，我完全同意。经过了听报告和小组的讨论，明确了我县所取得的各项成绩是伟大的，今后的任务是艰巨和光荣的。

我们认识到，过去的几年，我县虽遭受到了前所未有的严重自然灾害，经济生活上有点困难，但我们有了共产党的领导，不但困难克服了，现在已经呈现了一片欣欣向荣的景象。农业生产连续得到三造丰收。自去年秋季至今年初夏整整10个月，天不下雨，出现了数十年来所未有的旱灾。假如是在旧社会，恐怕连树皮、草根都挖尽了，人也死完了。而现在呢？我们有了总路线的指引，有了人民公社集体组织的威力，有了大跃进水利建设等的基础。在共产党的领导下，拦截韩江，引韩济榕，终于在大旱的年头仍得到农业生产的大丰收，真是万古未有的奇迹。我们高兴极了，相信在党的领导下，人民群众干劲十足，积极努力，一定能够在下次冬再取得特大的丰收。

随着农业生产的发展，我们文学艺术方面，也在形势的鞭策下面蓬勃起来。我是一个美术工作者，现在把我县一年来的美术工作向各位代表作一个简单的汇报：

1962年下半年，我县组织业余美术作者72人的作品共115件，往汕

---

① 在潮安县第五届人民代表大会第一次会议上的发言。

头文联作交流展出。在专区文联的重视和支持下,召开美术座谈会,邀请文艺界知名人士参加会议,会上一致肯定我县作者队伍普遍广泛,有工农兵、老艺人、教师、学生和家庭妇女等作者。作品形式多样化,有国画、水彩、油画、木刻、年画、速写和漫画等,都有很高水平,成绩是巨大的。

同时,在专区举办1962年群众美术评奖中,我县获奖作品62件,计:一等奖17件,二等奖16件,表扬奖29件(包含多种画种)。这次评奖,对作者的鼓舞很大,对今后繁荣美术创作,起着推动的作用。

1963年上半年,汕头专区举办支援农业美术作品展览。内容:国画72件(我县占21件),油画9件(全是我县的)。这次展览,既展示我专区农业建设的成就,也说明全区美术工作者,不断学习党的"双百方针"以后,思想觉悟不断提高,逐步明确创作方向,因而能运用国画的特点,从多种手法,反映党领导农业建设的伟大成就。大家深深地体会到作者的创作过程,也是思想改造的过程。

又召开了我县老画家会议,内容:① 总结了我县老画家二年来的活动情况,认为我们能够生活在这伟大的新社会,心情舒畅,创作热情空前提高;② 不辞劳苦,深入生活,大胆尝试革新,热衷于表现新题材;③ 热爱年青一代,苦心培养新生力量,如经常指导青年作者作画,大兴和青年作者合画的风尚;④ 举办国画技法讲座,传授描绘基本知识,在城内讲授四次,庵埠一次。⑤ 国画组在周末晚上,开展经常性活动,老画家大力支持、出席指导,大家反映良好。

再次,组织我县重点美术作者,投入群众火热的革命斗争,配合党的中心工作,开展社会主义教育运动,举办展览会。这次组织了20名美工人员,在各部门的积极支援下,只用3天4夜的时间,就完成了筹办工作。除参加扩干会议的1 200多位干部参观外,还有兴宁、普宁、揭阳、澄海、大埔及惠阳专区龙川等地都派代表来会参观。一般反映良好,能起着形象、生动的阶级教育作用。我们在县委的指示下,将展览会组织到金石公社展出。当参观者在看了被推翻了的阶级敌人的反攻复辟时,咬牙切齿地痛骂。在看了两种社会、两种生活对比时,触动苦情,悲伤流泪,认为这次展览的教育效果很大。

此外，我们这次还组织6位美术作者，到金石仙德举办村史展览。这个展览，除了内容充实外，美工、漫画，都有一定质量。县委确定将仙德村史展览固定下来，地委还要组织各县公社、大队，派代表来参观。省《南方日报》还发表了金石公社开展社会主义教育运动、举办村史展览的活动情况。今年以来，我们还组织美术作者到工地、农村开展写生活动，创作出一批反映农业成就的作品，不久即可与群众见面。

总之，我们取得的成绩是主要的，也是突出的，我们能够做出一点点的成绩，都应归功于党的领导；党给我们以充沛的生命力，和群众的支持，才能取得的。但由于形势的发展，我们的工作还显得不相适应，在实际工作中，关于今后如何加强活动，探讨与运用传统技法表现新题材、充分发挥推陈出新的效果，都是我们继续努力的重要环节。今后我们还是继续紧紧地跟着党走，随时学习每个时期党所提出的方针政策，学习毛主席的文艺思想著作，提高思想，努力改造自己来跟着大家前进，更前进！

我的发言，到此为止。最后，敬祝
各位身体健康！工作胜利！

1963.7.21

王显诏画作：《湘子江城图》

王显诏画作：《双旌飞瀑》

王显诏画作：《山楼远岫》

王显诏画作：《溪山新霁》

文章 049

诗词

◎ 缵槐堂题画诗钞

题查二瞻《秋林晚(远)岫图》
寒声林外起,羁客不胜愁。
闲却藤萝月,听猿卧石楼。

题倪云林《秋山白云图》
云影迷青嶂,溪流泻碧潭。
凉飔昨夜起,黄叶满江南。

题方环山《雨景》
压树千岩雨,渡江万里云。
沧茫幽绝境,渔父与平分。

题宋比玉山水便面
长松高百尺,苍嶂挺千寻。
口落寒声起,月斜烟水深。

题《松阴曲径图》赠别情宗兄
霁色明空谷,松风生晚凉。
山居无俗事,独立看斜阳。

题《溪亭新霁》立轴
空山初过雨,万里绝纤埃。

独酌溪亭上,乾坤一酒杯。

题高尚书《春江暮色图》
云岑诘曲起江渍,野树扶疏带夕曛。
鸥鹭不来苑阁静,落英如雨隔溪闻。

题龚半千《清溪白云图》
绕树层岚笼碧雾,溪边沙鸟莫纷纷。
老来不起征尘念,独向空山绾白云。

题耕烟散人《苍烟碧筱》直幅
碧筱千竿水一湾,烟云缥缈有无间。
游心远逐双鸥鹭,半入清溪半在山。

题文衡山《柳阴系艇》立轴
几树桃华傍水湾,扁舟闲系柳阴间。
无情最是东流水,杜宇深啼唤不还。

题倪云林《秋山图》
岚光茌苒水澄泓,远霭疏林一带横。
有意西风追落叶,为君无尽写秋声。

题王麓台《仿子久秋山图》
野屋瞰汀洲,疏离花弄色。
晚来白苹风,惊起双鸂鶒。

自题《清溪放棹图》
空翠压危楼,岩花缀峭阪。
山回暮霭深,风动橹声远。

题钱茶山《雪景》

夜来诗梦清,晓觉寒威迫。

渔笛一丝风,溪南溪北白。

题陈小蝶邮赠与钱瘦铁合作山水

崖屋撑苍天,斜阳乱古木。

闲来理钓舟,仰卧听飞瀑。

题《冬景》

琪树战西风,千山一色白。

高低估客舟,隐约渔人宅。

题《夏景》

曲涧听泉声,深林闻鸟语。

山高云自流,古塔擎飞杵。

题梅瞿山《黄山百步云梯图》

丹梯高可攀,沧海眼中小。

脚下白云多,群山皆窎窱。

自题《双旌碧筱》立轴

一带闲云绕碧山,危峰拔地泻飞瀑。

松寒日落天风高,野径无人立瘦竹。

题《春江野艇》小条

扁舟闲系清溪曲,底处渔歌声断续。

野树微茫远接天,轻鸥数点浮江绿。

自题《凤城故堞图》

野草濛茸带碧天,遥林隐约横残堞。

乱峰矗直夕阳中,万里澄江舟一叶。

题华秋岳《风雨图》

飞泉长泻疏钟断,如沐遥林昼窅冥。

天际云流山欲动,满楼风雨读《黄庭》。

题《江山万里图》赠方心言

流烟淡荡日西斜,曲水重山一望赊。

夙欲穷幽寻隐地,隔林可有野人家。

补题《清溪叠嶂图》赠杨须庵（有序）

　　余作画多不经意,草草挥成,出入于清湘、八大之间,或写细笔,亦颇得石头陀挺秀之致。然非素习,未敢举以示人。杨子须庵,工诗,善鉴藏,别具只眼,见斯画惊喜,因从箧中索去。越日,来乞补款,爰系三截归之。

红树青山映碧流,烟云万里望中收。

山人自解个中趣,闲棹渔舠访白鸥。

危峰矗矗倚苍寒,近不易描远更难。

扫却秾华归古穆,化机原自静中看。

傲性天成自屈疆,兴来下笔万千冈。

经年画箧矗余里,题与须庵蔽故墙。

题自写《残菊》（有序）

　　女士琼娥,丰城产。年华二九,眉目道颖,襟怀洒落,柔肌细骨,如可抟搁。辛未中秋,邂逅于友人沈君寓所,惜见时已为商人妇矣。

写此聊志小杜迟来之思。

金发蓬蓬曳翠裾,几经摧折雪霜余。

争堪移入清斋养,长为幽人伴著书。

题自写《万松图》

昙影断空碧,奔流走急滩。

寒飚何处起,声在万松端。

以上原载《湖社月刊》1931年第38—49册

登韩山绩《湘子江城图》,图成,赋题其上

踏破青苔曳短筇,白云天外两三峰。

望边春树村村绿,雨脚新篁个个浓。

岭海幽奇容哺傲,江城罨画入葱茏。

狂名半世真何用,且听深山寺里钟。

又五绝一首

廿载干戈后,剩楼面故祠。①

河山悲此日,风雨独题诗。

自题《韩山红绵图》

孤塔云中矗,三山望也奇。

繁绵花二月,红影落春漪。

自题《仿柳愚谷山水》

二月春犹冷,名山着此翁。

---

① 潮城有韩江楼,即东城楼也。前面渡江,山上有昌黎伯祠,故名山曰"韩山",江曰"韩江",桥曰"湘子桥",长可二里许。

时观沙际鸟,出没有无中。

又七绝一首
半雨半晴二月天,楝花香里长红绵。
一枝秃笔两张纸,貌尽名山三十年。

以上原载《湖社月刊》1932年第55—57册

◎ 题画诗草

题张雪鸿画绣球花
密瓣凝香露,纤苞簇玉葩。
芳心春历乱,片片落杨花。

自题山水扇叶
  台友李竹波,来游韩山,出箑属画,为绘《双旌拾翠图》以报,画竟,并系一截。
故人浮海来,不远三千里。
携手入曾深,忘形空翠里。

为谢建正题陈蝶野画水墨山水
野屋参差俯碧湾,绿云深处隔人寰。
山居不少幽清趣,卧听溪声坐看山。

题沈启南画芭蕉
小园亭外翠琼丛,叶叶轻舒夕照中。
欲向赤岩愁绝路,那堪战雨更翻风。

题李复堂写生梨花
奇香冷艳两三枝,淡淡轻绡护玉肌。
满院东风寒食雨,凝愁倚泪为阿谁!

以上原载《中国美术季刊》1936 年创刊号

题天卓先生小像

少强为天卓画像,格如其人。廿五年春,天卓复有南京之游,出像属题,率成四截,兼以志别。

曾共虚堂听雨声,廿年兴废古荒城。
灯红酒绿黄昏后,闲话当年到二更。

千里论交岂偶然,万般哀乐近中年。
临歧苦忆叮咛语,江北岭南共一天。

影肖君耶君肖影?漫劳涂抹旧烟灰。
浑成梦里求幻蔓,疑我浪仙施子才。

苦苦画师奈若何,古笺驻得青春么?
他年白下重逢日,料子已须我也皤!

题戴醇士《溪亭读〈易〉图》

苍烟野树昼冥濛,入眼云山处处同。
芳草萋萋春色老,读书声飐落花风。

题汤雨生《江南春晓》小轴

疏星已没月将残,料峭东风生早寒。
远霭迷濛江尽处,数声鸥鹭落前滩。

自题《小黄鹤楼图》

昔日山翁曾醉此,春花秋月尽疏狂。
登临无限沧桑感,衰草危垣立夕阳!

以上原载《中国美术季刊》1936年6月第2期

题画诗草

　　加斯写燕倡合作小画轴,文西为补石头,余亦以柳线系之。祝南复题句云:"柳絮随风转,燕儿傍水飞。他年我学画,添个不如归。"余忆岭南有陈燕儿者,善画,年前曾睹其倩影于书坊间,因续成是诗云:

拨尽柳丝难系住,君何多事我何堪!
睡醒更读新裁句,空惹王孙忆岭南。

越日戏示语山又题

何须渡海问消息?绕壁呢喃已慢春。
老祝好诗应示汝,亏君也作岭南人。

菩萨蛮

　　加斯爱画桃花,斯采爱唱桃花曲,纳罗尤特具桃花心。三学士优游于桃花丛里,因颜其斋为"桃花馆"。余既题其额,复缀小词以戏之云:

桃花馆里桃花住,桃花源在深深处。不见桃花人,桃花又一春!　桃花情暗结,空忆桃花靥!几度问桃花,桃花午梦赊。

以上原载《中国美术季刊》1937年1月第4期

◎ 岭南游草[①]

汕港轮中

半世湖洋已浪惯,如何此夜不胜情。
眸梢辗转终无睡,海上浮沉已五更。

一线海天万浪生,蒙头絮薄正初程。
乍听帆响囟烟水,疑是风追滴雨声。

船中闻鸡

梦回乍听疑村落,船中金鸡管煞更。
老子羡他客里好,蓬蓬不改故时声。

家家豢报只春余,苦唤声声继启予。
怜你危生能几日,葬人口腹复何如?

廿五日由汕买舟渡海,越日晨抵香港

海船入港已天晴,白浪黄云刺眼明。
行客喜知已靠岸,老夫也解近山城。

船夫收拾布帆横,一手先拉百手并。

[①] 此组诗刊载于韩师校刊,记录了王显诏1933年春香港、广州之行的片段;因校刊残缺不全,辑录容有缺漏,特此说明。

更听一前呼一曲,忘劳小憩入歌声。

广九车中所见

辘轳山车已辗轮,车窗远瞥一村新。
满山鸽屋高低着,韦屦洋衫黑目人。

不管山舆与水航,宵征星夜尚微光。
车穿隧道成□黑,煤气轨声拍脑扬。

太平山公园杜鹃花盛开

满山晴蕊钩行客,夹路风条拂过车。
十里然红到处是,杜鹃声里杜鹃花。

过培道园

乂样矮棚整又斜,痴红骇紫缀青杈。
怒然满眼洋风味,隔坐问知香荳花。

荳花架下斗轻莹,攀撷高低太媚生。
遮莫人花争烂漫,语声梁燕笑声莺。

贻铁禅上人

昔岁曾歌友石石①,于今重上友石蓝②。
仲昭与子成双契,添个米颠却恰三。

春来处处绿丛丛③,争耐几回雨又风④。

---

① 邑人钝庵得米万钟第五品石,征予歌之。
② 上人治僧舍于六榕寺,偏蓄奇石,以友石名堂。
③ 上人以青绿染石作春山,予亦以三月抵穗垣。
④ 予旅穗垣八日,非阴即雨,未见日影。

他日雨晴风定后,烦君添我作渔翁。

论画如论禅相似①,锋藏笔敛自得将。
我挥兔颖君挥木②,一尺输君五寸强。

数点闲鸥数本竹,半痕芦苇一舨舟。
平生只合烟霞侣,君可寄余尺寸不?

廿二年三月三日夜看大观剧社演《心声泪影》赠雪梅
只为艳红勤治圃,污泥更护底须嗟。
儿时爱读《石头记》,投老掀髯看葬花。

岭南诗人难觅雪,无花客里只苍凉。
而今雪梅并清绝,坐暖春光字字香。

---

① 清湘语。
② 上人削木头代笔写画。

◎ 其他诗歌作品

米友石研山歌

应饶子钝庵同在座沈简子、杨慧甪、金天民、佃介眉诸君作。

芙蓉溪,研山石,磊块价等仲恭宅。
前海岳,后万钟,二米隔世僻爱同。
宋石湮没难重觏,明石传世岂易逢。
饶子博学精鉴赏,莼园雅集招我党。
谈次袖石享诸宾,兼金易得清斋养。
皱瘦峻秀且玲珑,嵌崎径尺万壑通。
琼带银丝蟠洞峪,危峰耸叠气象雄。
背镌小铭隶法古,十三石斋列第五。
一二殉葬埋幽宫,三四渺邈落何处。
君今得此信夙缘,友友石石直追颠。
摩挲什袭复击钵,白雪歌成简连篇。
沈杨金佃皆硕彦,大珠小珠成匹练。
高阁传响遏行云,坐末只聆徒健羡。
不顾陬隅谨献辞,宜子孙永宝用之。

附:饶锷《米友石研山歌》(有序)

庚午元月,余得研石一枚,磊砢玲珑,石理坚苍可爱,有铭字二十,属款万钟。友人沈君简子考定为明季米仲昭十三石斋旧物,余因为作歌,并邀在座金天民、佃介眉、杨慧甪、王显诏诸君同作。

三十金,易一石,高二寸强修径尺。

庚午之年人日得，研山差是非笔格。
中三峰，郁巃嵸，
背有铭字隶法工，藏石之人曰万钟。
吾友沈简子，语我石出处。
仲昭当年忤大阉，乞身退伏卢沟墅。
怪癖萧然长物无，累累只有石维侣。
一品若柿翠花浓，厥次七十二芙蓉。
二石于市皆殊珍，钟殁石殉闷幽宫。
君今所得品斯五，十三石斋藏有数。
珍重珍重座须供，摩挲摩挲香应柱。
我思此事启祯前，米家于石信有缘。
旧闻颠也呼丈向石拜，岂知四百年后犹有石踪追。
颠第五石今为我有，第三四石落谁手。
天南天北邈难知，知有神呵护其后。
呜呼！天北与天南，我欲寻之足成三。

题《秋山黄叶图》赠瀛壶居士
诗人最爱秋萧索，岁岁秋归可奈何。
却向毫端留片影，满林黄叶雁声多。

貌得疏林尔许奇，骇红痴紫胜春蕤。
余笺不许浑题却，留乞壶翁一截诗。

初结"壬社"，雅集莼园，赋呈同社诸子
壬申布微阳，莼园熹集社。
诗有壬有林，大哉叹猗那！
节佳复辰良，置酒敞高厦。
少长斯群萃，阖座尽隽雅。
交欢狂笑谭，吟怀漫萧洒。

趺踞酒甒前，流觞泛潭沱。
万木忻挺生，绿萼先作朵。
群动聒耳鸣，嗷誂振四野。
题石峻峰前，赋泉奔流下。
妙响高入云，三日绕梁瓦。
舒啸互和答，兹乐忘诚叵。
《兰亭序》永和，绳武应愧我。

韩江楼题壁①
廿载干戈后，剩楼面故祠。
河山悲此日，风雨独题诗。

孤塔云中矗，三山望亦奇。
繁绵花二月，红影落春漪。

题画赠谢无量②
诗人最爱秋萧索，岁岁秋归可奈何。
却喜毫端留古影，满林黄叶雁声多。

黄家瑞先生惠诗，次均奉答，即请郢政
勿谓任真未必奇，此生能有几人知。
温文说剑花开日，狂醉听歌夜雨时。
十载浮沉谁复悯，只心牢落不成悲。
多君飞坠琳琅句，抱膝长吟月影移。

---

① 此二首作品先载于《壬社月刊》第 3 期，又刊载于《湖社月刊》第 55、56 册，题目不同。
② 原载《国闻周报》1933 年第 10 卷第 14 期。

附：黄家瑞《赠王显诏先生》原韵

儒雅风流特复奇,中西学理两兼知。
敲诗妙发多佳句,论画神功偏入时。
兴到挥毫秀带媚,情牵弹唱喜含悲。
羡君艺苑蜚声久,傲骨嶙嶙莫俗移。

题玉兰花

粉黛何曾着一分,幽兰为伴玉为群。
此花不是江淹笔,留与空天写白云。

题水墨山水

流云绕空山,绝壁上苍翠。
应有采芝人,相期烟雨外。

群峰相接连,断处秋云起。
云起山更深,咫尺愁千里。

题 画[①]

乾英不忘故地,邮属写《韩祠图》为纪,为云已得胡朴安丈撰联丽之。时适红棉谢后,子叶未舒,满眼空山,参列老干而已。岭海穷冬,或未有此幽寂也,即书其角。

共住韩山近十年,巍祠古木两依然。
感君别后多情思,写寄江南万里天。

题 画

我是韩山人,我爱韩江水。
江阔去帆迟,秋高白云远。

[①] 原载《国画月刊》第1卷第7期,1935年5月10日。

我是韩山人，我爱韩江景。
江阔去帆迟，云淡秋无影。

无 题
云气联齐鲁，苍茫入望赊。
苍匡毓兰芷，废泽隐龙蛇。
莫霭浮千里，秋阴幕万家。

题风雨竹
拂风霏雨自生青，莫道东湖异洞庭。
君但一茗留与对，吟成如见晓蒙溟。

山中杂诗八首①
欲雨还晴二月天，楝花香里长红棉。
一枝秃笔两张纸，貌尽名山三十年。

先生耽酒尚痴颜，惟恐年荒未敢闲。
分得纸田三五亩，春苗诗子夏锄山。

露湿岩花作许寒，雨泥寺角月将残。
流泉独奏蒙莱曲，披晏娜幽不用弹。

驻足韩山十过秋，岭东个是最湛幽。
流云属目无穷思，西送东迎不教愁。

万菌苍官绝顶攀，半篙春水碧湾环。
山中无计消长日，倚枕吟哦胜打闲。

---

① 原载《艺风》1935 年 6 月 16 日第 3 卷第 6 期。

嫩风度竹晓生凉,轻着夹衣下矮床。
昨夜雨晴睡却稳,晨来满鼻合楂香。

万树惊风掉首鸣,横飞急雨太狂生。
远看山脚只成雾,解作摧琼拟玉声。

山窗闷热太愁生,晚霁追凉恰二更。
涧底鸣蛙浑似旧,年年留伴读书声。

题《秋山孤树图》似马督学毅民

皴法无今古,存真不着苔。
纵横挥洒罢,尺幅见崔巍。

运笔老还拙,崭新自崛奇。
溪南一棵树,丹叶缀寒枝。

登西湖滴翠亭怀云苍子

淡淡岚光蔫蔫霞,清溪隐约见平沙。
故人别后萧条甚,空对山亭拾野花。

中秋夜

素爱山居可避俗,夜阑人静独倾杯。
丝丝银影遥秋水,飒飒寒声生古槐。
酒入愁肠诗胆壮,烟笼野树画怀开。
乘风啸问山前月,底事年年忙去来。

中秋日漫游西湖晚归韩校道中作

湖山踏遍过湘桥,倒水渔灯影动摇。
落叶秋风人易老,且随明月度今宵。

《韩声报社》创刊属题

攘攘熙熙缘甚事,百年衣食住兼行。
问君多少不平思,听取韩涛决怒声。

王毅君画石嘱题,为书二十字

在昔称摩诘,而今无闷子。
毫端信有神,只恐腾虿耳。

题山水

山已多姿了,云仍太劣生。
浓横半岭白,洗扫数峰青。
照水影颠倒,返曦时晦明。
吾泓不孤杀,天赐碧瑶屏。

儒英惠诗属和,次韵以答

纸田耕耨勿祈春,种学绩文等逸民。
十载及门亿千士,如君忆我能几人。
新篇老眼细熨读,实义华声易通神。
他日泓涵万卷后,应穷四塞与三秦。

重游别峰寺

别峰山拥别峰寺,小别十年不易登。
足履芙蕖红万朵,耳喧松榧绿千层。
壁中快读纪行句,坐上长燃礼佛灯。
惭绝老僧应笑我,重来病骨瘦崚嶒。

栽　松

　　韩山地瘠多石,不宜果木。癸亥之冬,播松子其上,越年萌苗,周回数里,今皆盘柯拂云矣。每值课暇,学子徜徉其中,翻卷吟诵,别饶幽趣。隔江望城，烟灰万丈，红尘隔断一条溪，不啻为此山写照也。

漫以清泉培老树，盘柯沓柢宿云深。
天低夜黑虎惊啸，风定月明龙起吟。
未曾筋力无用处，聊尽今生十年心。
钟声时度元非寺，占毕伊吾也梵音。

次韵《闲步汝平亭》

祝南先生《闲步汝平亭》诗，昌祺、应堃、仿真诸先生皆有和作。忆予每晨兴散步是亭，顷而校中女生来习操其间，予辄他去，因亦戏和。

拂晓春禽噪落月，揽衣阔步上危亭。
才听数吹洋哨子，便尔群来女学生。
掌擦拳磨花万变，裾翻袖舞草偏明。
系予拾级前山去，三舍犹闻"一""二"声。

附：詹安泰《闲步汝平亭归来有作》原韵

意复渐为忧病减，春深始上汝平亭。
乍看远近江城活，相送青红花树生。
想像空余败壁在，云山争向夕阳明。
归来犹及凭窗听，无数谷禽散晚声。

自题画卷①

饶平詹氏，为清代望族，有一门同时九进士一翰林之号，收藏甚富。乃者其文孙祝南文曾出示沈石田山水长卷，神采蚃动，纸墨如新，且为天籁阁旧物，真神品也。因背抚一过，并系以诗。

苍烟漠漠柳丝丝，万顷空濛望亦奇。
绝似太湖湖上过，满城风雨看多时。

---

① 原载《国画月刊》1935 年第 9—10 期合刊。

曲径互通远近村,长林尽处见山根。
闲来老子还多事,一棹湖光认梦痕。

岭海深秋未苦寒,无端秋色入青峦。
柳条过雨犹凝绿,枫叶经霜尽着丹。

最爱长洲沈石叟,画沙屈铁古今殊。
松煤茧纸明窗里,貌取千山得似无。

题 画

画山城一角贻潮州会馆,报旅沪诸同乡之属,并系以诗。
水涨遥天廿四桥,楼船底处忆吹箫!
不万勤劫剩孤杵,留与江心格大潮。

南国英雄随处裁,百年护拥旧亭台。
拂云矗立风霜后,血不长漂不教开。

不写风花雪月图,爱描奇干万千株。
他年栋任鼍飞日,可着行吟一老夫?

山城尽处是平芜,更接大江看浴凫。
如此河山君忆不?他乡得似故乡无!

题 画

心一索画,为绘《白云图》奉贻,兼系一截。
痴绝半生君让我,诗腴别后我输君。
他年重棹珠江水,共上寒山抉白云。①

---

① 白云山为羊城名胜。

题画诗

一

苍茫大地供舒眼,寂寞河山合赋诗。
珍重故人相问讯,白云红树实离离。

二

草泽水暖鱼迷窟,花落泥香燕作家。
别有清森睹眉目,读书窗外几竿斜。

三

日下寒泉淡绿霜,前村竹隽清千行。
水明沙净一枝飐,掩风横墨染南湘。

四

碧云消尽好山多,节屋春深长萌萝。
行处听来心自惬,野禽啼罢野樵歌。

写红绵已,漫书其上

鸦息风狂山鬼泣,号呼草木起龙蛇。
独擎屈铁横大干,仰喷然云苗雨花。
东陌樱桃移大陆,北墟棠杏落谁家。
洒将千载健儿血,幻出英雄第一葩。

画红绵

陆丹林属为大风社作,兼示一丹女史。
丹心铁干认精忠,一卷装成寄大风。
未许胡儿深践踏,中原草泽尽英雄。

天青日白写花红,我欲长歌继大风。
抗战全民皆有责,桃花也应拜英雄。

成仁定许换成功,看剑挑灯唱大风。

报国头颅须一掷,洒将热血染英雄。

纪行诗之一
风雨骤闻失故城,缘山且作凤凰行。
悠悠岁月情何似,莽莽中原尽甲兵。
横槊无方悲懒散,匡时有恨是诗名。
久知此路崎岖甚,消息何年话旧京。

《二辟山庄图》题跋及题画诗六首

己卯端午,汕头沦陷;越五日,潮州告急,余遂由意溪挈眷走凤凰。凤凰在饶平乱山中,其地高甲全潮,群峰耸翠,云烟缥缈,避暑佳地也。今余更避难于此,因榜是庄为"二辟山庄",是居为"且安居"云。潮州王显诏。

其一
风雨骤闻失故城,背溪且作凤凰行。
悠悠客里情何似,寂寂山中梦自惊。
横槊无方悲懒散,匡时有恨是诗名。
久知道路崎岖甚,消息何年复旧京。

其二
合溪墟畔康和口,万绿丛中寓数椽。
搜句情多因听雨,品茶欢少自抽烟。
愁侵满壁添书画,客至开门落涧泉。
患难空山谁为伴,相呼对榻白云边。

其三
得安居处且安居,信宿江村即吾庐。
瀛海音疏悲白发,凤凰水淡嗜咸鱼。
可堪防怨歌弹铗,未报倾囊得易书。
梦远山长鸥客里,流云千载尽愁余。

其四

逃命余生等壮游,烟云渺邈望中收。
群峰青逐岩城转,一水南趋大海流。
野鸟无声因战伐,山猿有恨更迟留。
振衣直上万松顶,枕石眠云傲列侯。

其五

何人识此佳山水,诗里画图画里诗。
因涧筑田若可耜,远云架屋未为奇。
我来欲摘松间月,兴尽尤吟壁上词。
他日贼氛归扫荡,年年逭暑濯清漪。

其六

多谢故人几度来,白云共诣曲山隈。
怜余客独供肴食,吹榻烟轻递纸煤。
贫为罗书家万卷,师堪敌酒量三杯。
挂筇拣屐走墟市,蔬笋筠篮日几回。

吟月图

壬午中秋凤凰作

入山两度值中秋,紫髻昏黄看转浮。
待月焚膏儿女惯,连年作客老夫羞。
岂无对影千钟药,暂散荒怀万里愁。
茶鼎烟残闻四鼓,寒光澄澈过松楸。

古沟吟草[①]

其一

璧东以刚父前辈遗墨见贻,兼索拙画,画竟书其上。

[①] 此组诗以下40余首皆录自《光华日报》许心影主持的《岭海诗流》栏目,该栏目仍缺几期,特此说明。

廉纤夜雨涨春池,红满院庭绿满陂。
正拟闲寻当径竹,却将重补过墙篱。
云浮远黛宜供画,水漾清波尽入诗。
惆怅年来空泼墨,丹青留取待明时。

其二

玉麟丘学士之普宁,别于古沟桥亭上,因和《留别》诗韵以送。时榕边有风尘之警。

逃命荒村重赋别,停杯默对一痕青。
郊坰人哭诃胡虏,磷血夜飞入睡町。
摘藻千章非昔日,送君多感忆新亭。
故乡未有佳音报,檀板笙歌不忍听(原作有"金尊美酒歌檀板,且与多君仔细听"之句)。

附:丘玉麟《留别》原韵

庚辰初春,古沟学舍留别王、黄、罗三道长,赋得七律一首。世乱年荒,生事草草,行云流水一孤僧,未知尚欠几多路债也;他日相思,如何可支,二三子以为然否?

此地重逢春欲半,桃花红落柳青青。
巡檐小燕泥过耳,惊蛰长蛇蜕委町。
造化尻轮浸假事,劳生牛马短长亭。
金尊美酒歌檀板,且与多君仔细听。

古沟吟草

庚辰端午,罗子尧范置酒招饮。是日故乡沦陷恰周岁,席间念至,已忘其为一介书生矣!

欲却烦愁须纵酒,横戈跃马赴殊方。
无人不共尊周室,有责何当守汉疆。
万里河山今已阙,百年身世老犹狂。
诸君匡复中原日,箕踞重倾艾叶觞。

文希自白宫来访,出楮作画,家泽写竹其旁,文希画枯木横卧水上,余为补山石,时庚辰十月有二日。

苍烟古木共荒寒,下笔如何两许难。
为写长条成劲节,更添老干制狂澜。
百篇画思君犹健,卅载才名我未安。
最喜无端重过访,且留尺幅细评看。

古沟晚志(四首)

流落沉沉梦,生涯寂寂村。
鸟窥人欲下,花傍砌仍存。
饘粥妨兼味,喧声不到门。
日斜霭动息,最爱是黄昏。

坡曲牛羊下,群鸦乱夕阳。
樵归田路闹,市散野花香。
动静须臾变,欢哀不可常。
前村雾散尽,灭没又灯光。

我爱黄昏者,爱它视渺茫。
群丑皆美化,万象俱新妆。
况有流星照,时晖独月光。
揽衣凌峻岭,风前□虎狼。①

孤灯明败壁,一卷坐澄潭。
隐息钟初动,困眠意渐酣。
雀饥橡堕瓦,人静鼠窥檐。
也罢清读兴,堂边有海南。

---

① 时有虎狼出没,揭普间或云自战争炮火中逃出者。

孙裴谷画家写越王图寄卓明善属题,时明善治兵江西

卧薪尝胆吾曹事,耿耿此心铁石丹。
载笔荷戈同切齿,可堪风雨独凭栏!

东夷自昔殊凶横,必败骄兵理有□。
须识吾民皆战士,茅刀杀敌已三年!

卷　轴

卷轴在筐不拟贫,斯文的是最恂恂。
每忻学过廿年讲,多愧时支末级薪。
作息闻钟参变化,交游随分答新陈。
吟诗读尽机书罢,又自浣衣证此身。

题盆景

古民道上,拾窑碗一,色□赭面□古,数百年前物也。因以龙潭□石菖蒲实之,作盆景。

瓯里青苔夹水松,石菖蒲发绿濛茸。
中间几个无棱石,正面千岩万壑峰。
对读抽烟寒雾远,闲吟瀹茗暖云□。
延隶年字铭瓯壁,笑比晋陶与汉钟。

折梅（寄约忐潮安）

东风开绿萼,游子动幽思。
聊折一枝来,路远不可致。

树滋属题合作水墨山水,时余将返合溪

林子殷勤索画树,芙裴二老添云山。
山深云远树逾肃,树肃更增云山寒。
云山寒,且待他日着青丹。

江山万古终不改,白云千载任往还。

画梅仿玉泉山人寄约志
着墨无多着意多,且驱秃笔且吟哦。
一枝香雪春如海,写与高人细揣摩。

题 画
如此江山好,登临思靡穷。
乱峰撑落日,老干劈虚空。

赋题《清溪钓叟》立轴呈戴夫子
又听潇潇打叶声,江村万里远山横。
劫来一舸松溪路,远钓枫红当落英。

春晴寄丘三学士兄
日月颓唐□,河山怅望边。
因风怀故好,临水属诗篇。
雾里花增困,云深柳欲眠。
何当重载酒,长笑醉江天。

无题二首

绮语久不作,灯下得二律,盖承《风》《骚》之遗,读者但以谑词视之,谬矣。

一年花事匆匆过,无限春愁得得来。
最是芭蕉摇破梦,绝怜文杏舞低回。
闹红十里余情在,欹绿千山甚处栽。
来岁丹青论斗买,蜂风蝶雨莫相猜。

万千哀乐苦难真,入眼何须注定神。

偶忆红衫终覆土,更教底物不风尘。
情多况值催霜夜,枕只还安失寐人。
此意荡荡如日月,长晖天地作青春。

文希造陈散原像,汝滨嘱题诗
郑梁黄赵辈,匪不治诗专。
令早十年死,高名万古传。
行因学弥著,学以行当先。
散原诗妙绝,气节固能全。

咯血新愈(三十一年十一月十有三日作)
不关觅句呕心稿,却为愤歌抗敌篇。
百万健儿何激烈,八千里路岂徒然。
□弁已报入盟国,法将来归赎昔愆。
小有风尘滇缅界,预将胜利祝明年。

途中得句寄题文希画(二首)
《梅花群鸡》
已报东风第一花,幽香吹梦到山家。
寒鸦似解诗人趣,故向篱根剔草芽。

《麻　雀》
老鹰展翼势凌空,小雀支喳危命中。
借问文希真怪杰,一年画出几英雄。

十月十五日星期日午睡院中乐在作
眼偏生涩逢休假,书为抛床多散编。
欲借小诗聊作伴,未穷新意即鼾然。
胸中已自无黏滞,耳畔何曾有管弦。

藤枕布衾徒尔尔,半窗斜日欲寒天。

不寐三首(辛巳九月廿九夜作)

其一
敲诗不寐可因诗,何物当年系我思。
已有文章堪辟易,竟无人世不支离。
孤灯最怕红欺枕,冷梦将残绿有丝。
巴蜀相逢八庐座,十八年后某于斯。

其二
山窗不寐思虫虫,人似惊鸿月似弓。
鸿渐寒潭来远近,人随冷月去朦胧。
伤心有泪酬新鬼,拥被无言吊坠枫。
春惹闲愁秋惹恨,年年九十六番风。

其三
西风不寐五更尖,旧思新愁夕夕添。
落木残声推冷枕,循墙饥鼠入寒檐。
薄眠犹呓当时句,添恨长搓今夜帘。(此地习用眼睑为眼帘)
底事鸣蛩也有恨,篱边聒出月如钱。

小　园
坦荡风花尽是诗,小园何减盛佳奇。
不妨花下醉千日,便尔诗中活四时。
老有余情吟诘诎,狂无着处语披离。
欲烦李杜同商略,酒胆诗肠一例痴。

下　药
时节如斯须下药,一身争忍百难堪。
欲晴又雨天低树,乍暖还寒水转潭。
环境拘人几欲醉,奎宁蘖颔久尝甘。

百年钟里垂垂短，《本草》《脉经》努力探。

文希属题所藏《高田美人》小幅
东风底事入重帏，偷得春心带雨归。
愁罢朱丝来万斛，人随昔梦去全非。
繁华自古伤流落，弱絮沾泥已倦飞。
最怕漪漪烟外竹，修窗犹作旧时肥。

校庆歌
韩山立校载卅九，十月二十日诞生。
十八年前始觌面，相倚让呼吾为兄。
忆弟坎坷年少日，扰攘干戈寇隳突。
隳突年年可奈何，形槁神颓生气夺。
天风骤雨海上来，撼震宇宙挟惊雷。
披坚折锐莫敢向，更遭肤裂骨为摧。
人言此子竟天矣，天实任之困之耳。
阿兄了了解天意，黾勉扶持不去呭。
为树大木结繁阴，快引薰风听鸣禽。
或植长泉通石窍，时供一浣高士心。
更愿阿弟为人杰，三十六峰唐日月。
日月映照遍九州，魍魉魑魅不敢出。
余也毂觫山水瀹，啸歌喝吸笑骂吟。
无端烽火连海峤，横飞铁鸟只祸深。
莽莽中原亿万里，胡骑到处草木死。
野哭无人尽膻腥，百代繁华一旦毁。
繁华摧毁避古沟，待命穷第枕矛戈。
一十八回话此日，效忠党国共千秋。

题《黄山终老图》

黄山为揭阳名胜,秋园先生退居处也,庚辰秋日,先生命余作画,并纪以诗。

烟波三折差堪钓①,云岭万重正可堂。
平织船梭皆锦绣,仰书塔笔总文章。
昔年述作惊寰宇,投老余闲息故乡。
不有东夷横构虐,何因得望到门墙。

自题小照

沧海横流似叶身,认他骨相怪嶙岣。
去家飘荡几千里,老我荒唐第一人。
空眼望天渐近视,短髯遇物也添瞋。
文章信美终无补,破浪乘风到处春。

韧云前辈枉和近制自题小照诗,谨依韵奉报,兼呈梦真学士

万劫不废剩此身,携将双脚踏嶙岣。
不堪回望仓皇日,漫许逃亡待寄人。
凤髻风高心弥壮,合溪石浅水生瞋。
何言最是增予赧,化□余沾满地春。

文希属题画(二首)

梅　竹

下笔已成没字诗,不须装巧与离奇。
榕江江上两清影,合是东风月上时。

流氓图

无乱只今成野有,于书且订古依稀。

---

① 揭阳三面环水,其北即黄岐山。

逃荒万里关山道,人自清□草生肥。

双流寺

双流寺下双流水,流到南溪最上头。
北水东成环谷水,西流南作护城流。
塔高可碍野云过,殿古堪资墨客留。
名刻不磨花亦寿,红茶冬桂百年犹。①

游四方林

此地徒荒三宝偈,何缘重上四方林。
况逢诸弟难为伴,且喜层云作覆阴。
漠漠浮生尘未减,绵绵绮语债还深。
芙蓉已是如来坐,我坐芙蓉更苦吟。

游大珂

大珂岬崒数重临,凤甲匪遥懒未寻。
商略巧从间道转,不知渐入白云深。
中年已闲双游屐,来岁还图五岳心。
忆上黄岐今廿载,脚力何曾胜于今。

种番茄

只种番茄不种花,一园整整复斜斜。
为恐牧竖和牛入,故剪蔷薇带刺遮。
睡起关心门外雨,喜看寸子发新芽。
果珍最富维他命,绝胜饭后瀹新茶。

---

① 寺内有王十朋石刻。

劫后回郡赋示诸儿

凤凰灰寨两归来,指点人家半劫灰。
白草生寒迷辙迹,丹林落暖失氛埃。
昔年我未逃亡共,今日汝甚长大回。
毋惜此身争正义,学能致用即英才。

书赠郭伟立同学毕业留念

东西南北似奔鲸,胜利于我喜息兵。
细忆逃亡灰寨日,夜雨联床读书声。

题松梅竹

豪端不着点尘埃,虽是昔年旧体裁。
羡你山中相守共,春风的为你们来。

题松竹

西北东南黝黑天,任他风雪总依然。
山中岁月长相守,苦节冲寒又一年。

韩祠图[①]

曾为乾英老棣写斯图,因失于兵火,走书属补为之,兹并录原诗求正。逃命解生之后十年矣。丙戌(1946)冬日潮州显诏王克并识。

共住韩山近十年,巍祠古木两依然。
感君别后多情思,写寄江南万里天。

每见红棉意不堪,半生摇落在江潭。何当重踏湘桥石,共倚巍祠对碧岚。韩祠为余幼年读书之所,山光水色时萦梦寐,显诏先生绘贻斯图,盖增归兴。丁亥(1947)冬至苏乾英题。

[①] 此诗前已有录,因先生与苏乾英的这段故事十年后又重续,故录而存之。

残　句

凄其风雨应怜我,双手且将大坎擎。

挽石铭翁联

诗冠岭东,有名符实,举世咸推此老;
寿登耄耋,无疾而终,今生能得几人?

挽石铭吾先生

口终吃吃笔千钧,投引词坛又日新。
傍案沉吟书在手,依稀犹见老诗人。①

---

① 翁晚年不良于行,旦夕傍案,手不离书。解放后翁求进步之心甚切,经常购借新书报刊,不断阅读。

◎ 词作

声声慢

冷落先生出示近诗,极绯缠艳绵之意,因缀长词报之。

愁苏草脚,梦碎芭蕉,夜永萧瑟空庭。墙外霜寒依约,甚处调笙!起回凭栏怅望,荡空江痕月初平。东风早,渐窥窗影瘦,扑面香清。　　谁念孤山人杳,亭悬鹤去,又软唤先生。万丈深泉,难尽一缕柔情。檀郎自娴词赋,料也应笔底魂惊。共厮守,愿年年莫负冷英!

（原载《二师周刊》第 41 期,1933 年 11 月 25 日）

飞雪满群山

某将军宠嬖,辗转留市桥上小店,店悬售刀锯农器,祝老曾纪以词,余亦伎痒成斯阕。

碧水通云,长桥跨岭,小楼冷撼晴波。愁怜市近,恨随潮远,雾浅犹认青螺。问繁华谁主,漫换得、锻炉瓦锅?帘旌风动,惊似昔日,看跃马横戈!　　还记省:明珰摇翠幌,将军戎幕,醉舞笙歌。红笺暗记,金衣休惜,苍崖万丈难磨。忍匆匆过却,空重理、眉痕鬓影。新来叵耐,一檐语燕春恁么。

（原载《二师学生》第 2 卷第 5 期,1934 年 5 月）

隔帘听

山馆秋衾独拥,正夜深人悄。无端梦浅频惊觉。剩片月依人,霜蛩弄巧。强睡早。奈愁丝、绝来还搅。　　凭谁扫,最萦怀抱。记倚阑歌销笑。樱桃红破莺声小。更低低劝,武陵春好。东风狡,重来白云迷道。

雪梅香

仲琴诗老乞画《金山观涨图》,因书其后。

吟怀寂,茆斋坐雨耐连宵。正江南草长,穿阶碎碧疑遥。生怕红深飞又落,芳心况逐乱丝飘。情难托,索伴诗翁,共看江潮。　　振衣临千仞,岸际云横,波上山摇。付与丹青,知他何处笙箫!廿四桥边空倚泪,更流年绿鬓霜凋!纵梦到,楼船十里,莫话前朝!

（原载《二师周刊》第72期,1935年12月5日）

醉花阴

丙子四月望前二日,冷落出示近词,因走笔次均奉答。词中云云,冷落本意也。

叶底初闻香旎旎,波上□飘止。翦碧又妆红,梦到鸳鸯,多少留春意。　　吴浓泛棹鸣烟水,愁在人人里。莫问刺痕尖,娱藕偷寻,露泣伤衣未?

解蹀躞（题君绵画《饥鸦骷髅》）

野阔丹青濛貌,白骨宠烟晚。频年风雪,知他谁家院。寒鸦瘦不禁秋,颓然错认归路,啄余还散。　　愁何限!最合枳梗红绽,多情伴幽怨。凄风时逐啾啾寒魂啭,便骄酒力登临,身闲盈阙休问,也应长泫。

菩萨蛮

加斯爱画桃花,斯采爱唱桃花曲,纳罗尤特具桃花心;三学士优游于桃花丛里,因颜其斋为"桃花馆"。予既书其额,复缀小词以戏之云。

桃花馆里桃花住,桃花源在深深处。不见桃花人,桃花又一春!

桃花情暗结,空忆桃花靥！几度问桃花,桃花午梦赊。

（原载《韩师周刊》第3卷第16期,1937年2月15日）

紫玉箫

庚辰初春,与罗子尧范、林子守谦、刘子绎如、陈子惠馨游古沟花坞。时桃李并开,流连忘返,因折数枝回寓,图而赋之。

风暖初阳,云低清岫,朝来笼雾还晴。羔裘褪御,试杖笻花坞,阡陌纵横。几处高垄,偏教与,异艳同醒。聊折取,绛素苇绡,细插银瓶。　　曾迷旧日鱼叟,奈浅渚欹斜,未解春声。团飞露雨,想万花谷里,疑煞贯卿。倩谁抬眼,空过了,绿叶阴成。赋彩笔,施粉弄水,藉慰飘零。

（原载《韩山半月刊》第3卷第1、2期合刊,1940年2月29日）

少年游

昔年曾写翠罗裙,脂香和梦闻。海棠风细,蔷薇波暖,携手赏芳春。　　而今信息都无个,长日恁,只酸辛。怕见蝶翻,怕听莺转,欲断已无魂。

（原载《韩师校刊》,1941年2月1日）

风流子（偶一吟社录骚原桥竟,题卷尾）

蓬窗粉雪底,人人尽,搦管渍乌丝。看图貌名花,歌翻新谱,谩劳心眼,差瘦腰肢。闷来向,红灯罗脸处,绿蜡上香时。斜月茂林,轻烟芳树,盏筹互举,襟袖纷披。　　当时还曾惹,官书得意贴,藻抉辞摘。赢得谭士征咏,骚客题诗。且临风□取,青□装罢,素线□□,堪记依稀。犹胜河曲修禊,离合欢悲。

（原载《韩师校刊》第2卷第2期,1941年10月）

声声慢(题白鸥蜡梅余芬词稿)

试花庭院,酿雪楼头,酸风解报年华。黄蘸颇黎香透,点点欹斜。一番未春春态,数游蜂,错认檐牙。朦胧月,向珍丛静绕,芳思交加。 绝代才人幽恨,纵万山千水,密意仍赊。谱入金徽,谁念此际天涯。凄其海湖踏遍,只赢他,樯驿吾家。漂泊感,问何时踏,重赋仙葩。

(原载《揭阳民国日报》1944 年 11 月 14 日)

喝火令

夜半凉初透,云轻月欲斜,绿榕深处暗栖鸦。咫尺楼台,怎生无梦到伊家。

眼角情何恨,羞人意自赊。忍将幽怨付琵琶。几度推挑,几度暗咨嗟;几度驻歌停拍,红泪送芳华。

忆故人

醉眼望边,枳篱茆舍溪桥近。傍桥杨柳最销魂,况朔风凄紧。 庭院乱枫飘尽,正征鸿嘶空阵阵。料伤锋镝,错数平田,长芦未稳。

(原载《光华日报》1946 年 9 月 22 日)

浣溪沙三首

花蔓篱头崭崭新,看花道上绝行人,风风雨雨几经旬。粉重低徊怜蝶翅,苔深瑟缩忆蜂肫,满园芳草气如薰。

断续巫山断续云,绿窗红影记人人,可怜抵死为伊频。便算狂深还忍别,争禁梦短更谁真,望中灯火又黄昏。

不是花间久醉人,已无幽梦到红裙,几时收拾病来身。茅屋半楹虽则陋,纸田千顷未全贫,一江春水半江云。

(原载《光华日报》1946 年 11 月 3 日)

齐天乐·海棠

匆匆上巳空过了,枝头数声啼鴂。细织丝繁,匀殷影浅,喜缀名园清绝。髾髻翠发,映媚眼流波,笑人双颊。素李来禽,疏顽格调总须别。　　潘郎今渐老矣,算烟花漫负,良辰虚设。更恐蜂狂,还惊蝶浪,偏以年时轻折。幽香未歇,试检点鸾笺,绿章辞箧。借得春阴,护他千万叠。

(原载《光华日报》1946 年 12 月 12 日)

王显诏画作:《层峦叠嶂》

王显诏画作

诗词 093

王显诏画作：《韩山红棉图》

王显诏画作：《韩祠橡木》

题赠作品

题王显诏先生法绘诗词集钞

潮安陈说义编次,潮安吴长坡校刊。中华民国廿六年五月印,汕头市自强印务局承印。封面题字:余建中。

◎ 诗词之部

王治心题诗
韩山韩水忆故游,天南风月任勾留。
红棉烂熳春三月,肠断湘桥古渡头。

林峦萧瑟倪迂派,云树苍茫海岳心。
破壁昏灯一披视,山山烟雨草堂阴。
——读王君显诏岭东山水册,精妙绝伦,率成二绝,以志钦佩,民国二十四年五月,王治心敬题。

王宠惠题诗
远追辋川之遗法,近宗耕烟之妙笔。
极山重水复之大观,合浓淡清奇于一帙。
宜驰誉于艺林,成专家于美术。

——王宠惠

王树枬题诗
画家高品逸品,先生兼擅其长。
画选场中有几,令我心焉写藏。

三绝郑虔不死,千年洪谷复生。
更擅吾家摩诘,画中禅意诗情。

——癸酉清和月,敬题显诏先生山水画册于旧京西城三食神仙字斋。陶庐老人王树枏,时年八十有三。

王蘧常题诗

藐得天南万壑尊,江山无限气犹存。
愿君珍重鸡林价,中有盘瓠未死魂。

雄笔锋芒若可扪,何时摹缋遍中原。
亦知别有伤心在,更写残山寄泪痕。

——嘉兴王蘧常

朱汝珍题诗

画品三王近罕俦,即今风矩具潮州。
岂惟妙笔资清赏,绝胜韩江足卧游。

——朱汝珍

江恒源题诗

世间多少佳山水,尽入先生笔墨中。
把卷松阴呼鹤语,夕阳西下晚峰红。

——灌云江恒源题

吴梅题诗

文章盈大块,情素托生绡。
五岳起方寸,一廛离市朝。
掉头辞月旦,嚼墨散秋霄。
可惜天南北,无从乞雪蕉。

——显诏先生属题画册,为成五言,即希吟正。乙亥三月,长洲吴梅书于百嘉室。

李泰棻题诗

何须更渡米家船,风雨青灯手自编。

赖有生华一枝笔,不教过眼化云烟。

——民国乙亥痴厂李泰棻

沈恩孚题诗

谢家六法世所尊,气韵生动为之魂。

此诀解者今有几,裴回四王吴恽门。

大块文章都假我,休向人间乞烟火。

藐姑绰约仙乎仙,披拂白云天上坐。

——沈恩孚

邵瑞彭题诗

云情雨意盘胸起,海色山光泼眼来。

万一相逢韩北渚,陋他顷刻报花开。

——邵瑞彭

柏文蔚题诗

艺精进于进,笔墨洒烟雨。

披图为豁然,山翠扑眉宇。

——癸酉首夏柏文蔚

张凤题诗

这王家山水,长条廿幅,

写出凤城烟雨,湘江飞瀑。

放棹中流,看溪山新沐;

独秀江边,红棉橡木;

远岫山楼,悬桥丛竹;

端不是弹指烟云,空中楼阁。

是太史诗陈风俗,

风土记方志学。

——新体诗加汉人标点奉题显诏先生大画,嘉善张凤天方。

陈其采题诗

着手空灵擅胜场,春风展卷便生香。

应知一枝成非易,片纸犹留琬琰光。

兴来泼墨见天然,领取丰神在笔先。

恰似瓯香写生意,晓风残月唱屯田。

(南田《百花图卷》自跋云:"犹如唱东坡赤壁词,不可无'杨柳岸晓风残月'之歌也。")

——显诏先生以花卉画册索题,即希正之。陈其采。

陈衍题诗

我不谙六法,君乃问于盲。

只当书观款,赞叹且莫名。

——七十八叟石遗陈衍

陈柱题诗

开卷烟云缭绕之,真如身处万山奇。

却看鸟道羊肠险,恍见神工鬼斧施。

眇眇薜萝如有待,茫茫天地竟谁私。

中原破碎成何事,补缺凭君笔一枝。

——柱尊陈柱

陈道统题诗

古有诗中画,今看画里诗。

江山逾岭好,此意几人知。

——易园陈道统

黄仲琴题诗

玉山已远雨亭渺,画苑知名更几人。

欲向清湘窥海岳,专从用墨见精神。

——邑先正王春澥广文,在清季为长沙张野秋尚书所敬重,文孙显诏先生克承家学,兼擅山水。琴归自岭南大学,获观画册,用题一诗,以志钦佩,并希吟定。同里黄仲琴。

章炳麟题词

粗豪且逐风尘起,能添老树巅崖里。

凭轩忽若无丹青,天下何曾有山水。

——章炳麟集杜句题

闵尔昌题词

开卷真堪作卧游,南云千里况书投,丹青王宰信无俦。

湘子桥边春涨碧,双旌山畔木棉稠,依稀风物认潮州。

——《浣溪沙》,江都闵尔昌

叶恭绰题诗

有情山水惊知己,无尽云烟寓赏心。

欲会祖师真实意,羚羊休向迹中寻。

领表文坛久寂寥,高张黎谢若为招。

偏师突起韩江帜,好继英咸奏九韶。

——叶恭绰

董修甲题诗

烟云腕底夺天工,丘壑罗胸迥不同。

荆巨已成广陵散,渊源家学振宗风。

——王显诏先生嘱题画册,辞不获命,率题二十八字以应之。民二十二年国庆节,鼎三董修甲。

詹安泰题词

一角山楼夕照迟,温麐歌板燕莺知。泣花屏镜惊秋瘦,碎楮江城入梦痴。　盘月梢,柳烟低,微波何处话通辞。虚堂网得春魂住,始悔当年学画眉。

——《鹧鸪天》,祝南詹安泰

熊润桐题诗

韩山韩水昔未游,已从君画认沧洲。

何时摩诘还乘兴,为补春风一钓舟。

——熊润桐

赵云壑题诗

莽莽乾坤万劫尘,云山笔下自生春。

丹青超出前贤法,欣赏长留艺苑珍。

——显公笔墨,气壮雄浑,略似柴丈人遗法,随笔挥洒,自能成章,殊有得心应手之妙,读毕并题。庚午中秋,赵云壑,时客沪。

黎锦熙题诗

妙笔天成,湘子江城。

五岭云横,先生多能。

——黎锦熙谨题

蒋梦麟题诗

淋漓米海岳,疏落倪云林。

取意有真宰,披图见素心。

湘城江渺渺,韩岭橡森森。

众美集中外,寸毫含古今。

斯才真不易,胜境许相寻。

展对明窗下,悠然欲抚琴。

——显诏先生属题所画山水册,匆奉一首,以致钦企。庚午处暑,蒋梦麟。

卢前题诗

岭南迟我当年约,韩水韩山托梦游。

画笔果然能缩地,红棉万树豁人眸。

——显诏先生出示山水册,为率题小诗奉教。乙亥冀野卢前。

钱基博题诗

争流竞秀看无厌,供养烟云信手拈。

雪瀑飞疑声亦绘,雨岚霁认黛真添。

溪山如此从来少,消受凭谁太不廉。

快剪并州征故实,半江一角乞休嫌。

——二十四年五月钱基博敬题

谢无量题诗

米老支离浪着瑕,倪迂枯淡劣成家。

多君欲貌千山水,先画英雄一树花。

——谢无量

顾随题诗

想见含毫坐小窗,先生落笔世无双。

青山红树文公庙,春水绿波湘子江。

云峰磊落出林梢,飞瀑铿鏜翠岭腰。
我欲题诗少佳句,只从笔墨见神交。
——显诏先生自数千里外邮寄其所作山水册子,属为题字,敬赋二绝句。时廿四年夏月,河北顾随识于北平东城之习堇庵。

顾颉刚题诗

欲知摩诘诗中画,桃红柳绿皆摹写。
更含宿雨带春烟,一段风光生笔下。

欲观摩诘画中诗,小幅短短作四时。
山平水远含变态,是中有句无人知。

此公盘礴万物表,胸中炯炯秋空晓。
戏磨淡墨污娟素,世人丹青擅长少。

何人乞与辋川图,装成小轴四时俱。
壁间仍题六字句,人言双绝古今无。
——显诏先生工六法,兼擅吟咏,以诗中画济画中诗,不啻摩诘复生也。承寄示山水册,欢喜无量,自愧不能为诗,因录谢幼槃题摩诘诗一首以答。民国廿二年七月十六日,顾颉刚书,时客杭州。

龙沐勋题诗

点笔江山入画图,故乡风物认模糊,偶于疏处学倪迂。
双树红棉擎直干,千重翠嶂拥幽居,胸中丘壑故应殊。

——《浣溪沙》,龙沐勋

◎ 跋语之部

于右任跋
画中有诗,如读永嘉游眺之作。

——于右任

王祺跋
以造化为师,以自然为友,通情达变,穷理尽妙,而以性灵会之。显诏先生于绘事得其神髓,因以此理商之。

——王祺

沈尹默跋
"朝来庭树有鸣禽,红绿扶春上远林。忽有好诗生眼底,安排句法已难寻。"此简斋诗也。天地间随处皆诗,亦随处皆画,直在省不省耳!王君解人,当深喻此意。

——沈尹默

易培基跋
此亦国艺也,余故勉。《易》之《乾》曰:君子朝乾夕惕。

——易培基

林风眠跋
中国艺术有数千年历史,发荣滋长,与时代增。近年来,国人昧于功利之说,率多等闲视之,殊为可惜。王显诏先生独于此道孜孜不懈,二十余年如一日,非特立独行之士,焉能至此!兹于其画册装成之初,谨志数语,以志钦式。

——一九三五年,林风眠

马良跋

尝闻前清以来,善画山水、盛名盖世者,惟有三王。顷披读是册,始知尚有一王,三王见之,当亦效恽格,舍此而学写生,惜先生生之晚耳。

——癸酉首夏,九四叟马良

马叙伦跋

显诏先生寄示法制山水画册,嘱为题记,伦未曾学,似不当妄置一辞,然以见属之谆,又不能不置一辞。窃谓无论何种艺术,必须有古人,复有自己,便成一家。盖有古人则有规矩,有自己则有性灵。先生所作,似能融会云林、老莲,而自遣笔墨,又不为二家所局,未审有当万一否?

——廿四年夏,马叙伦

郭绍虞跋

显诏先生工山水,精能入神,谢家丘壑,米氏烟云,悉萃腕底。自缘身有仙骨,故能不同凡墨,允与高奇峰氏,堪推粤中二妙。

——吴县郭绍虞

陈望道跋

写城市也,没有烟火气,是闲适艺术的标本。

——陈望道用指头字题

钮永健跋

生趣天然,益于纸上,是真能与造物游者。

——钮永健

黄宾虹跋

准于法中,超以象外,得南宗之正传,其妙合处,神与古会。

——黄宾虹

黄麟跋

王辋川诗中有画,画中有诗,诗与画二而一者耳。今王君显诏,研精诗学,复擅丹青,中外展览,有目共赏,其诸王辋川之嗣响者欤!

——黄麟书题

刘复跋

流连万象之际,沉吟视听之区。写气图貌,既随物以宛转,属来附声,亦与心而徘徊。

——借余家彦和句题,刘复

刘海粟跋

显诏画风,在艺术上卓然舒其南人淡泊之特征,此艺人之高洁,实有伟大之使命。

——建国二十一年大暑,刘海粟

谭泽闿跋

王君显诏精六法,深入古人之室,顷以所作山水印册见示,属为题记,知必风行海内外,人手一编矣。

——十九年重九日,谭泽闿题

蔡元培跋

画山水难,山水长卷尤难。观显诏先生所画山水长卷,但觉青翠扑人,杳冥无际,不务秀润,期于健实,足以知其功力矣。

——蔡元培

◎ 断句之部

王正廷题句

辋川笔意

——显诏先生画宗摩诘,而出品蜚声中外,国画中之翘楚也。因题四字,以为赠言。廿四年一月,奉化王正廷。

王世杰题句

青冈高致

——王世杰

王震题句

郁勃纵横

——白龙山人王震题

江翰题句

王宰留真

——江翰

朱孝臧题句

石田笔髓

——朱孝臧题

朱家骅题句

模山范水

——朱家骅

吴敬恒题句

神眇欲到秋毫颠

——吴敬恒

吴徵题句

旷代绝艺

——抱䤵居士吴徵

吴闿生题句

寰海扬声

——吴闿生

吴鼎昌题句

画中有诗

——吴鼎昌

汪东题句

能事不受相促迫,造化何以当镌劖。

——寄庵汪东集少陵、昌黎句奉题

周启刚题句

艺苑瑰玮

——周启刚

居正题句

神妙欲到秋毫巅

——居正

林森题句

烟云供养,翰逸神飞。

——林森

俞平伯题句

模崖范壑,曲折中机。

——俞平伯以瓯香馆句题

胡汉民题句

山水之间,于斯为美。

——十九年九月胡汉民集字

柳亚子题句

妙手丹青

——柳亚子

洪陆东题句

丹青妙手

——洪陆东

徐世昌题句

荆关妙墨

——水竹村人徐世昌

徐悲鸿题句

追踪古人

——徐悲鸿

张寿镛题句

云山何曾变古今,古今人自负云山。

——录张白斋句题,张寿镛

张道藩题句

深得大自然之美

——张道藩

陈之佛题句

笔参造化

——陈之佛

陈树人题句

发挥创作精神

——陈树人

冯友兰题句

超乎象外,得其环中。

——冯友兰

华林题句

艺术之光

——华林

覃振题句

涵光混世贵无名,何用孤高比云月。

——录青莲句赠王山人,覃振

杨寿昌题句

天地精华,人生娱乐。

——显诏先生以所作画册见示,高秀超逸,爱不忍释手,敬题此八字。癸酉夏,杨寿昌。

刘维炽题句

荆关妙诣

——刘维炽

滕白也题句

宇宙文章

——滕白也指痕

蔡元培题句

与古为新

——蔡元培

郑洪年题句

神妙直到秋毫巅

——番禺郑洪年

谢公展题句

挥洒自如

——谢公展

谢瀛洲题句

山水之间大有人

——谢瀛洲

◎ 其他题词与赠答之作

周作人题词

中国山水奇，故山水画亦奇。三峡黄山非以斧劈麻皴出之不可，若江南烟雨冥蒙之景，亦唯米家泼墨能得其似耳。鄙人不懂画，亦无力蓄画，但有时见到，亦觉得能爱好之，今睹此册，深喜王先生能以妙笔将岭南山水之美示人也。

二十四年六月二十七日题于北京

王山人显诏属题所作水墨山水册子

钱钟书

争流竞秀看无厌，画境诗材信手拈。
雪瀑飞疑声亦绘，雨岚雾认黛真添。
溪山如此从来少，消受凭谁太不廉。
快剪并州征故实，半江一角乞休嫌。

题王山人显诏山水册一集

丘　复

天下无数名山水，都入山人一笔中。
我已倦游仍作客，焚香细读梦魂通。

题王显诏画册

翁一鹤

当年摩诘推能画，家学于今得子传。

对客偶然拂绢素，虚堂顷刻生云烟。
多君罗列林泉趣，供我卧游几榻前。
眼底一图心万里，某山某水入诗篇。

题显诏山水
余心一

悔我平生只学诗，四王去后此心期。
十年重踏湘桥石，无语山楼对画痴。

题王显诏先生山水册
蔡儒英

一卷琳琅气象雄，名流笔底夺天工。
双旌飞瀑高千尺，阿里悬桥长似虹。

红绵点点画图开，思赵轩前任去来。
留得个中真色相，几回纵目费疑猜。

题王显诏《榕石图》
石铭吾

青山削出金芙蓉，中有一树形成龙。
耸鳞挐鬣万千岁，仿佛旧京仁慈松。
宰也造画为翁寿，亦比庐山五老峰。
霜皮雪操围八十，我能以诗写翁容。
汉柏唐槐渺何有，森森今见榕江榕。

金缕曲·赠王显诏先生
许心影

伟哉王夫子，立人寰，冰清玉洁，皎然尘外。神笔挥时风云动，何况青山碧水。早艺就、成行桃李。击节高歌渊鱼耸，更豪才，直溯僧虔字。看劈易,赵千里。　　烽烟滚滚横空起,遍天涯,南翔北弋,蛰居无计。滥竽齐门逢诗侣,忘却寒乡寒意。濯闲愁,孤怀深致。墨海淋漓惊恣纵,似醍醐灌醒蓬心矣。歌一曲,致钦企。

题王严《江滨老树图》

许伟余

江滨老树叶已秋,江上风波且未休。
勾起骚人无限思,一篇《九辨》古今愁。

乞画与王严

许伟余

山崖水侧一敝庐,风篁雨树不计株。
主人啸歌还偃仰,时出田野看犁锄。
主人少日醇且竺,亦有文章惊流俗。
中经哀乐忽若狂,欲与唐衢争痛哭。
金堤一决滥滔滔,主人水上恣嬉遨。
湘江不见灵均迹,广陵何有子胥涛!
主人愤极归平淡,秋水齐物时相遭。
方拟诛茅结小屋,独收奇字析牛毛。
此计未成天忽醉,主人如燕归无巢。
竭来山村抱课本,国火频改兵犹尘。
东从西迁家靡定,风声鹤唳人争逃。
去岁奉亲托智勇,日才向西豹脚号。
老人咨嗟小孩叫,缅怀何处有乡郊。
昨者偶忆曾都转,自定图案绘渔樵。
宗生卧游亦其比,壁上俄尔见嵩高。
屠门大嚼古所有,乌托之邦今匪遥。
霍然倒屣呼玉宰,请君为我一挥毫。
草堂三间竹盖顶,杂花生树鸟将翺。

图成张挂屋之角,对之亦是余情陶。
相中之色君莫笑,犹胜纸上谈六韬。

丙戌元旦寄王显诏陈文希两画家
赵 凤

一岁奔忙苦风尘,人间此日又逢春。
年华四十浑如梦,每见梅花忆故人。
（王陈两画家都曾以所绘墨梅赠我）

十二月十六日,为万硕吾兄题王君显诏印谱
邱汝滨

王君老友多才艺,众口争传书画诗。
馀技犹能成此卷,惊看铁笔走蛟螭。

安公子
詹安泰

　　王显诏与余共事近十年,精乐理,擅绘事,远近来学者成徒,女弟子尤特为勤恳。显诏要余词,为成此解赠之。

　　绿水桥边树,嫩寒风叶行空语。百啭黄鹂宫徵外,共玉娇啼诉。问小院、何人泪落银筝柱？流怨红占断来时路。渐赋怀吟损,还见临楼眉妩。

　　屧响连朱户,幽魂暗逗脂香苦。秀水明山妨梦到,况江城残楮。漫点染、苍鬟唤醒天涯暮。羞舞裳肯作春妍否？念酒态花情,痴绝王郎风度。

赠王显诏
詹安泰

乱时无分守闲冷,安得清谈瀹香茗。
王子乐道游艺人,广额修眉顾以整。
与我相欢逾十载,佳言木屑霏霏永。
家蓄书画不计轴,日夕香河划小艇。

醉抹萍光牵翠荇,钩沉剥肉亲明靓。
烧兰然蜜坐待老,涷雨怪风来常猛。
摇摇屡见心旌翻,汪汪旋觉江波静。
自有笔花夺目睛,袅腰粉面群造请。
试和歌喉粗间细,亦出古调穷高迥。
颇使耗精识者稀,或笑苟安天之幸。
东看则西南成北,喻指非指况虚景。
穷儒忧乐何能同,且共搜奇登绝顶。

减字木兰花·题王显诏造像
詹安泰

十年肝胆,一往中人春酒酽。历落须眉,虎气苔花故剑知。

诗情画意,乱树惊乌和泪倚。逃命何方?剩向荒天吊夕阳。

翠楼吟
詹安泰

显诏为余制《漱宋室填词图》,漫题一解。

叶颤纤柯,烟笼草阁,天涯旧人归未?红桑惊换劫,况飘落寒蝉身世。千花弹泪。对万咽风蝉,长条曾系。歌珠细,串秋心愿,夜灯私试。

便拟,狂浪江湖,问短箫横笛,酒悲何地?月楼沉恨远,几荒乱鸦呼眠起。吴宫燕市。剩冷谷栖香,冰线调水。薯腾醉,梦中犹恋,压眉山翠。

名画家王显诏兄见拙作扇面,赏许不置,竟以墨竹一帧系句求换,曰:"梦老既善山水,予不能不作恽格之避。"赋志愧感,并奉正谬
蔡梦香

山水自娱写偶然,敢当石谷赏南田?
道人风度古君子,直继前贤诱后贤。

题显诏先生绘贻《韩祠橡木图》
苏乾英

每见红棉实不堪,半生摇落在江潭。
何当重踏湘桥石,共倚巍祠对碧岚。

高阳台
向王显诏先生乞画《呼龙耕烟室填词图》
蔡起贤

精卫恨溟,人间世幻,狂歌浪发骚心。顾月怜花,漫留十载凄吟。飘零博群苦笑,妒群芳长日沉阴。忍生涯换羽移商,谱入寒琴。　　几闻海角龙嘘啸,看花场粉市,败砌残林。客里王师,胸中罗列丘岑。墨池诗酒驰烟笔,写三橡茅舍濒浔。纵尘寰是处荒荒,梦与登临。

浣溪沙
蔡起贤

显韶先生惠《古沟印存》一册,即赋此解鉴报。

汉印魏碑久蕴匵,能经磨劫也残灰,摩挲刻划费多才。
别墅春寒圭璧润,碧沟日暖等花开,玉郎肝骨几回摧。

蝶恋花
蔡起贤

题王克先生补景仕女图。

望里幽窗春色透,停了弦声,摇荡新篁秀。有个人人帘卷后,眉端诊得相思候。　　不是丹青中独有,往古今来,一样难消受。历却沧桑千劫久,灞桥依旧攀杨柳。

减字木兰花
蔡起贤

春雨凄其,旅怀萧索,率成短韵十章,分呈诸师友。

之一

孤怀迥绝,流落荒村谁与说。韩水韩山,长使秋涛绕梦间。　而今何世,同向新亭空雪涕。别馆春浓,诗思无妨继大风。

赠王显诏先生
蔡起贤

嶙嶙瘦石撑高峻,濯出江流绝世姿。
镂骨雕肝摩印刻,唐笺汉简细封厘。
情来笔底诗生健,春到砚台画入奇。
料得年年闲枕畔,花魂长与养顽痴。

挽王显诏先生
蔡起贤

师门原恶子,学行负先生。
污迹犹今日,耳提念昔情。
世方尊美术,公已旧知名。
竟作长康痛,倾河哭老成。

王显诏画作

王显诏画作：《景欲其奇，笔欲其峭》

王显诏画作：《转秀连江》

王显诏画作：《凤城故堞》

题赠作品

评论纪念文章

王显诏画例序

陈小蝶

明人画，无不出沈石田，而无一似石田，遂各为名家。盖画以神行，不在貌取，后人学石田而似，乃无不成死笔，论者转以咎石田，石田岂任咎哉！春间全国美展会，审查时人作品，见王君显诏画，皆惊曰："真石田也！"予观君布局敷色，多折衷西洋法，而运笔独用腕力，浑然中锋，绝不假借。此直无意学石田，而与石田合者也。吾素不识君，然辄为人称王子，以为天才，君闻而以为知言。今将以其画定润问世，因观津老人乞序于予，予固爱画，久而无成，如登山然，见有人超距而上者，辄仰而羡之，如决眦而观飞鸟；若王君者，亦吾目中之飞鸟也，故羡而序之。己巳仲夏陈蘧小蝶于海上醉灵轩。

王显诏山水润例

整幅三尺十八元,四尺廿四元,五尺三十元,六尺三十八元,八尺六十元。屏条每条照整张六折,扇册六元,花卉照山水润减半。

己巳仲夏,陈小蝶、哈少甫、王一亭同订

《申报》售卖《王显诏山水册》广告词

王君显诏精绘事山水，兼宋元诸家之长，然又不滞于昔人，蹊径独运，性灵苍古沉雄，如天马行空，居中国现代五大画派之一。是册为王君课授生徒时作，综二十帧，或精心结构，或游笔漫书，或遣兴驱毫，或对景写照，无不各臻其妙。兹用十二寸玻璃版精印，装成一巨册，定价一元五角，特价八折，已购预约者，请持订单到各预约处取书即可。

经售处：

上海宁波路渭水坊西泠印社

上海南京路　文明书局

上海四马路　有正书局

题潮安王严篆刻名印卷尾

姚秋园

　　王君显诏，性狷洁，博涉多才艺，自金石篆刻书画音乐以至诗古文词，靡不远绍旁搜，阐心冥追，直契单微。

　　余闻君名也久，顾以壮岁多出游，晚告归闾里，闭户治园苑、植花树、课儿曹以娱老，罕出与外界通。私念我潮山水之美，后起英秀、磊落及特立独行之士，焉得谓阒无其人？虽久仪君，坐是之故，未由相知也。

　　抗战军兴，逾年而潮汕陷，君讲授韩山师范学校将十年，随校址迁揭阳城西之古沟水尾村，余亦因乱常避地至凤林故里。古沟与我故里相距不十里，世联姻娅。儿侄群从及外亲辈，城居读书既不安，肄业韩师及君门者至二三十人。余访亲至韩校，巡视后辈，必晤王君。君课暇间至吾家、过榕城，数数过存，积五六年，精神行迹倍相亲。庚辰八月，余年七十，君绘《黄山终老》山水横轴一帧寿余，且贶以诗，盛有藻饰，结联有"不为东夷重构逆，何因得望到门墙"之语。余常憩秋楼书案壁间，每举目，不啻与君握手道衷曲也。乙酉秋，日寇投降，各校播迁者皆筹备复校址，韩校亦将移归韩山。君出五六年来在迁校手治篆刻，累累十数石，拓为一册，启视，余与儿子万杰、万硕名印在焉。君以将久别，嘱余题其后，以志累年游从之迹。余与金石之学，自问门外汉，于君所造深浅，不敢妄赞一辞，儿辈从君游者，习篆刻亦未入门。乃叹古人一艺之传，非有神契专一真积之探索，不能得其精深独到之处。君年未五十，以其宁静之神治古人复绝之艺，他日得君手迹者，欲辩其孰与古印人神似、孰为今印人所不及，不知当费若干剖析也。乙酉冬初，题于学苑南窗。

续题王君夫妇更名印章拓本

姚秋园

不佞既跋王君显诏己卯韩师迁校古沟时所治名印卷后，显诏复以中国乙酉孟秋抗战胜利时，普天同庆中，自更名曰"克"、为贤配李郁贞女士更名曰"复"印章拓本二纸见示，以志不忘国难、为国努力之训，于是又知显诏有内助之贤，教子有方，可佩也已。"克"有胜义，"复"有归义，显诏既以此为志，当广以孔颜"克复归仁"之训，则所以治身心者，为教尤深远。往者南皮张文襄督粤，开广雅书院以造两粤人士，余年二十有七，读书其中，见无邪堂上立石篆刻程子"四勿箴"，回环反复，顿然有动于中。今年逾七十，所以治身心者，对"克复"二字，时悬心目，愧无逮百一。显诏爱博多材艺，而深湛简穆，有儒者气象，每畏而爱之。所愿克君、复君夫妇，鸡鸣戒旦，以孔颜程朱"克复"之教广之，互相勖勉，顾名思义，无忘古训，则不佞区区续题此卷之微意也。卅四年十二月既望，题于姚氏学苑秋楼下。

王显诏北上考察画展

冯 妇

潮安名画家王显诏,潮安在城人,以画学讲授于省立韩山师范学校者凡二十三年。近奉省教厅令,准予休假,赴国内外考察一年,以资攻错。君不日即拟首途进京,与在京艺侣商定考察计划。行前应当地名流郑绍玄、翁桂清、陈伟烈诸氏之请,举行个人北上考察画展,定期本月二十、二十一两日,假福平路民众教育馆举行,郑、翁诸人并为联合分函各界介绍,洵盛举也。

君精绘事,名满海内。山水师石涛,一丘一壑,自具无限胜趣;写生神似白阳,惜墨如金,风韵自足。曾受特选入教部第一、二回全国美展,及特约作品于海内外各地书画会或博览会展览。名满海外,曾不稍自足,此次在汕展览,特定名称为"北上考察展览",尤含有远游考艺、请益他山之意,其虚怀若谷,有如此者。庄子有言:"送君者自厓而返,则君自此远矣。"是行将见君艺之突飞猛进,未有量也。

君绘事外,尤工诗及书法。书遒媚,出入于北海、吴兴间。曾记其题画小诗云:"诗人最爱秋萧索,岁岁秋归可奈何。却喜毫端留古影,满林黄叶雁声多。"则又隽逸清新,信多才多艺人也。

原载《原子能报》1946 年 8 月 14 日

王显诏先生遗迹画册序

康晓峰

评佳山水者必曰如画，评佳画者必曰逼真山水，而吾友王显诏先生则曰："作画能似固佳，但不如不似之似为更佳。盖习国画者，用笔当以传统八法为之基，再于清奇浓淡中各抒写其胸臆，倘得其一，然后衬以神韵生动、潇洒有致，则画人之能事毕。"证诸历代名画家，无有越其藩篱者。先生早岁负笈上海美专，曾参加全国美展。适逢名画家陈小蝶莅会参观，见先生所作《湘子江城图》，拍案叫绝曰："此今之石田也！胡为乎来哉？"由此知名一时。嗣又由有正书局出版《王显诏山水画集》，海内名流多为题咏，如章炳麟、胡汉民、于右任、刘海粟等，从此声誉日隆，远近索画者纷至沓来。《美术周刊》社长王一亭、陈小蝶、夏少甫遂为先生出润例。岁己巳，回潮韩师、金中任教，深受门人爱戴，作育人材甚众。岁壬申，与邑人石铭吾、饶纯钩、杨光祖辈创立"壬社"，艺林为之一震！日仍从事写作，其笔健、其韵深、其墨润、其景清，去非求是，不肯与人苟同也如此。性稽古文物，收集名人真迹甚夥，与吾辈数人者昕夕相过从，讨论古今书画家源流之所自及辨别其真赝，至足乐也。今先生墓木已拱，生前遗作零落殆尽，得黄孝义、刘大铭、叶天津诸君子广为征集，拍摄成册，其休美岂有涯也！执笔序此，万感交集，哽咽不能进餐。吁，士之隐厄于其时者，可胜言哉！

王显诏及其画学①

李伟铭

对当代中国的许多读者来说,"王显诏"是一个既熟悉而又陌生的名字。

20世纪80年代中期,沈鹏、陈履生编《美术论集》第4辑《中国画讨论专辑》(人民美术出版社,1986)和胡经之编《中国现代美学丛编》(北京大学出版社,1987),分别收入王显诏的《国画创新应取的途径》(原刊《中国美术会季刊》,1936年第3期)和《美的人生》(原刊《中国美术会季刊》创刊号,1936年)。1993年,刘玉山、陈履生编《美术论集》第5辑《油画讨论集》(人民美术出版社版),又收入了王显诏写的《艺术的民族本质》(原刊《中国美术会季刊》,1937年第4期)。可见今人在回顾近百年中国美术走过的道路的时候,王显诏并没有被排除在视野之外。不过,我们在注意到,按照《中国画讨论专辑》的编辑体例,王文篇末应有的"作者简介"却是一片空白;万青力教授在《美术研究》2002年第1期发表的《美术家、企业家陈小蝶(定山,1897—1989)——民国时期上海画坛研究之一》一文中,在转述陈小蝶对"美专派"的界定时提到王显诏,于王氏生卒年一项,亦以"不详"记之。

2001年,在为《世界潮人美术家作品邀请展画集》(香港艺苑出版社,2001年9月)所写的长篇序文——《历史的回顾与现状的检讨:潮人美术概观——以绘画为中心》中,我曾用以下一段文字概述对王显诏的最初认识:

---

① 原文有不少插图,今略去。另,为保持文本统一,对原文不少脚注也做了相应处理。

需要特别强调的是潮州人王显诏，这位"中国画会"会员早年在上海美专接受的是西洋画教育，20年代中期由沪返回原籍后任教于省立韩山师范学校和金山中学，而术业专攻者却是山水画。对王氏入选1929年第一次全国美展作品，沪上名家陈小蝶曾作如是评语："布局敷色，多折衷西洋画法，而运笔独用腕力，浑然中锋，绝不假借，此直无意学石田而与石田合者也。"（陈小蝶《王显诏山水润例序》，1929）1930年，西泠印社曾印行《王显诏山水册第一集》，封面为于右任题签，卷首有吴湖帆、吴徵、胡汉民、章炳麟、蒋梦麟、谭泽闿等名流题词。据说，这本画册也是王氏生平行世的唯一画集，王氏晚年对画集所收作品殊不满意。从这些"少作"中，我们确乎可以看到陈小蝶所称誉的那种风格样式：骨子里心仪吴门画派，但布局设色尤其是"布局"多少还保留着一个西洋画科学生的"习气"。如果略去50年代以后普遍的弃旧求新不论，王氏在此后的艺术生涯中努力的方向，可以说就是恢复对于传统的艺术精神的信仰。他的全面的传统艺术素养，似乎更突出地表现在他的诗文创作上。因此，他的绘画和书法不仅顺理成章地入选第一、第二届全国美展，在当时国内的几大主流美术刊物如《中国美术会季刊》《国画月刊》和《湖社月刊》上，也经常可以看到他的诗文之作。1937年5月，汕头市自强印务局承印《题王显诏先生法绘诗词集钞》，收入海内名流柳亚子、叶恭绰、林风眠等78家题词。王氏的艺术活动区域并非如王远勃、谢海燕处于中国经济文化的中心地区，僻处海隅而又能够引起天下名流的普遍关注，这固然缘乎他的交际能力，但也不能排除其精湛的艺文造诣具有不同凡响的魅力。像王氏这样"名满天下"者，当时潮汕画坛似乎还找不到第二人。王氏长期任教于潮汕地区的最高学府，他的高度的艺术素养，既直接陶冶了他的学生，对潮汕地区的中国画艺术气质，无疑也产生了潜移默化的影响。

这里需要指出的是，上文关于王显诏对30年代初年印行的那本画集"殊不满意"之说，乃得之丘玉卿、丘金峰伉俪合著《潮汕历代书画录·潮州市卷》(汕头大学出版社,1993)"王显诏"条的启示:王氏入选民国年间教育部主办的第一、第二次全国美展的作品,在展览图录《美展特刊·今》部(正艺社,1929)和《现代书画集》(商务印书馆,1937)中,也能够看到相关的图像资料。最近,由于某种机缘,使笔者有可能对上述认识做补充修正。择要言之,王显诏,原名观宝,字严,又字克,初号椁父,退休后该号闲椁、居易居主,1902年壬寅正月初九日生于广东省潮州市西马路八十九号王氏祖宅,1973年8月6日在潮州市去世。祖父王洪,曾任清代高要县教谕,精于书画鉴赏;父王其敬,乃潮州城德巷邹厝祠小学教师。1917年,王显诏获宗族公款资助到广州旅省中学读书,其间征得校方同意,以走读方式就学于上海私立东南高等专科学校,1919年,旅省中学毕业,转入上海大学(前身为东南高等专科学校)深造。1923年毕业于于右任担任校长的上海大学美术科,之后,返回家乡,被聘为广东省立韩山师范学校美术、音乐和文史专业教师,同时兼任广东省立金山中学教席。1946年12月至次年7月,王氏曾赴泰国、马来西亚等地从事艺术活动。1952年因病提前退休。从50年代开始至"文化大革命"前夕,王氏曾担任历届潮州市政协委员和人大代表,1957年成为中国美术家协会广东分会理事,1960年当选为潮安县文联副主席和广东省文联委员。[①]

如文献显示,王显诏一生中的大部分时间都在潮汕老家渡过。作品入选1929年的第一次全国美展,是他作为一个艺术家步入现代中国画坛最重要的标志;当年4月,王显诏曾以入选作者的身份应邀到上海参观第一届全国美展。海上名家王一亭、哈少甫、陈小蝶为王氏代订"山水润例",也是在这一年的夏天。[②] 陈小蝶在《从美展作品感觉到现代国画画派》(《美展》第4期,1929年4月19日)这篇文章中,在提到当时画坛上的"美专派"时,曾这样透露了他本人及其同人对王氏入选全国美展作品的直接反应:

---

① 参见王氏家属提供《王显诏年谱》稿本。
② "王显诏山水润例:整幅三尺十八元,四尺廿四元,五尺三十元,六尺三十八元,八尺六十元。屏条每条照整张六折,扇册六元,花卉照山水润减半。己巳仲夏,陈小蝶、哈少甫、王一亭同订。"(丘金峰先生提供原本复印件)

刘海粟自号叛徒,立美专学校,于是粗枝大干,深红惨绿,色调的恐怖,随美专学校而漫遍于全国。其实海粟画竹,全出浦作英,花鸟佳者,间似八大,笔力自佳,绝无为叛之可能。吕凤子辈,助以旗鼓,遂使折衷美专两派,互相争衡于学校之间。论者以为国画命脉,将由此斩。然会中所列王显诏四帧,笔意宛然石田,而敷色之伟岸,一望而知为美专画派。吾侪当检画之时,赞赏此作,不觉同声称绝。然则美专画派,亦自有价值,但不免使复古之徒,错愕相顾耳。至于吉安花卉,久已为美专所并吞,昌硕殁后,声闻杳然可毋述焉。

如当年《申报·自由谈》署名"舞成君"之《美展两日记》所说:"现代国画,占全部会场之半,瑕瑜互见,颇不为少。而画之佳者,率非海内知名之士,其中如王显诏之阔笔山水,而用西洋设色,皆自有其生命,而名字绝无人知,殊为可异。"①在此之前,王显诏的名字尚未彰显于世。在20世纪20年代,在中国画中汲纳西画的经验,尚是一种特别需要勇气的选择。显然,正是才华与机遇巧妙的契合,促成远处中国文化版图中的"省尾国角"的王显诏由此而进入了现代中国画坛主流的行列。他在随后的岁月中与海内名流广结诗画之缘,"潮州王显诏缵槐堂题画诗"通过《湖社月刊》(北平)及《国画月刊》(上海)等刊物而流布天下。在20世纪80年代中国文化新的一轮思想解放运动中,学术界在总结近代以来的历史经验的时候,没有忘记王显诏;特别是美术史学界在检讨民国年间第一次全国美展在现代中国美术发展史中的意义的时候,对王显诏仍然不能忘怀——如当代日本学者鹤田武良在关涉这一主题的研究论文中就特别强调:王显诏的《湘水》(铭按:王氏入选作品一组五幅:《韩山红棉》《湘子江城》《双旌飞瀑》《涸溪塔影》《韩祠橡木》。入刊图录乃选《湘子江城》,所谓《湘水》,当即《湘子江城》)与黄少强的《穷途自赏》及《仕女》、胡伯翔《画马》、蒋润生《人物》、金章《白燕》、杨清磬《乡屋》、张善子《画虎》、钱化佛《画佛》、赵尚卿《画松》、高奇峰《花鸟》、陶冷月《山水》、赵少昂《画鼠》、高剑父《画

---

① 转引自《二师月刊》第1卷第5、6期,页30,潮州,1930。

柳》,在画风上同属明显折衷中西画法之作。①

回应丘金峰先生提到的王氏"悔其少作"之说,可能为我们探究王氏画学的发展道路提供一个更为有效的视角。一般来说,"悔其少作"是文人通病,没有什么深意;但在王显诏这里,事情未必这么简单。探究王显诏晚年之所以对其唯一行世的画集作品不满意的原因,可能是显豁王显诏艺术理想的重要途径。笔者注意到,1929 年参加全国美展的 5 幅作品也被收入了次年在上海印行的《王显诏山水册》,在这 5 幅以传统的卷轴形制来再现王氏家乡的名胜古迹的组画中,所谓折衷中西画法,主要体现在焦点透视法的运用上;因为画册为单色印刷,无法证验陈小蝶描述的"敷色"特点,用笔则仍然历历可寻,但实情并非如陈氏所说的笔笔中锋,尤其是山体的画法,中锋、侧锋并用,体现了灵活多变的线条风格。差不多同一时期完成的《凤城故堞》《清溪放棹》《景欲其奇、笔欲其峭》(均见《王显诏山水册》),进一步延伸了这种风格特征。在另外一些作品中,则可以明显地看到王显诏对黄公望、倪云林以及米氏云山画法的向往。

这种画法、风格驳杂的状态表明,20 年代末期至 30 年代初年,是王显诏作为一个青年艺术家感受时风影响,徘徊于传统水墨画与西画之间的探索时期。他的开放的艺术观,在他所写的《参观第一次全国美术展览会纪略》②这篇夹叙夹议的文章中,也得到相当具体的表现。就中国画而言,王显诏对"笔致苍老,古趣盎然"的传统派画家之作有好感;对"以新法入画,别开生面"甚至"学东洋法,有出蓝之妙"者如岭南高氏兄弟之作,也不嫌恶。然而,检点他在 1933 年应《艺风》主编孙福熙之约而写的《批评应有的态度和国画的创新》③,就不难发现某种微妙的变化了。

王氏发展了前文的观点,主张"应当利用我们先人遗下的那些无尽藏的宝贝和世界上其余各国的艺术结晶品——名画——来作营养",但是,他对其生活的时代所有对传统中国画的批评,则基本上持不以为然的态

---

① 参见鹤田武良《民国期全国美术展览会——近百年来中国绘画史研究之一》,载《美术研究》第 349 号,27 页,东京,东京国立文化财研究所美术部,平成三年。
② 载《二师月刊》第 1 卷第 5、6 期,潮州,1930。
③ 载《二师周刊》第 61—64 期,潮州,1933。

度——厚古薄今的倾向异常明显。他致力于为"拟某人""摹某人"者辩护,但对近代以来赞美中国画者总是乐于以八大、石涛为例表示异议,对吴昌硕一路画风的泛滥也持批判的态度。全文贯彻着一个中心论点:中国画一直在发生变化,中间也有创新。用他的话来说,"各个时代的精神和各个作家的个性和各个作家的画风,也跟着各个时代的精神和各个作家的个性变易,何曾有死守着某种方法或某种作风呢?"

我们注意到,这种观点也被延伸到他对现代诗歌变革的看法中:

> 譬如中国的诗歌,由诗经而骚、而赋、而古诗、而近诗、而词、而曲,各时代有各时代的特色,各作家有各作家的面目,中间演变的情形,完全是极自然极圆成的转变,并无一些勉强的意味存在,而于中国的民族特质、时代精神、历史背景、风俗、习惯及其作风等等,一望而知是中国的产物,不像中国近来的新诗,大都是搬了西洋诗的作法和风趣,来作中国文字写出,便叫它做中国的新诗,这些新诗简直还是西洋诗——是用中国文字记出来的新诗(我民十六年以前,也是好做这种诗)——所以,到了现在,中国的绘画和诗歌的新作,还是同样的情形,尚未曾得到成功。

也许可以这样说,顺其自然还是蓄意创新,是王氏估量艺文变革的意义和价值的准绳。尺度严谨,未必意味着操作的可行性。3年后,王氏发表的另一篇文章《国画创新应取的途径》(《中国美术会季刊》1936年第3期),仍然是这种观点的重述,但从中也不难发现其迷惘恍惚之处。例如,他强调:

> 中国的民族,是优美有余而流于颓靡的民族,对于一切的追求,都是沾沾自得,度着得过且过、不求长进的民族,于是各样固有的艺术,如文学、绘画、雕刻、建筑、音乐、戏剧,等等,多是靡靡然觳觫地抹粉涂脂而向人乞怜的作品。这些作品,固然是我们民族的反映,可是这种作品、这种民族,在现代的社会上,实在没有生存的力量。故此

我们眼前的需要,便不是这样的作品,而是要适合时代生存,或超越时代的改革民族的作品。

但接着又写道:

中国的艺术,发达很早,一来已代有名家,积下了数千年所留存的极丰富的宝贝,其中各有各的个性和面目,各有各的创作的精神,而一时代也有一时代的作风,如果略有中国绘画常识的人,是不能否认的。而且在每个时代里的无数作家的无数作品中受淘汰而留存的作品,自然已是很大的成就和价值,才得流传下来,我人如果能够不断地广博地去研究探索,当然可发见许多新的领域和启发了无限的活跃的创作精神。

爱之弥深,弃之尤难。王氏在前后文本中表现出来的逻辑矛盾,正好生动地描述了一个未能完全忽略世道变化的传统主义者在估量传统艺文的价值时无所适从的心态。当然,从这两篇颇有代表性的议论中国绘画变革的文章中,也可以看到王显诏始终坚持的一个论点,即艺术必须尊重个性,"创新"不能预设计划——用他的话来说:"艺术的创作,是完全建筑在人类精神和情感上面,有那样热烈的情感,便自然而然地有那样热烈的艺术创造。倘缺乏了情感,任你如何的计划,也是做不出真实的东西。一切的艺术创作,如果用着什么计划或方法,那只可以叫做'制造',绝对不能叫它做'表现'了!"[1]

问题的复杂性还表现在,王氏一方面强调中国艺术传统的伟大成就和艺术的民族本质,另一方面则在论证自己的美学观点的时候,不断地引述西方的审美经验。如在《美的人生》[2]这篇文章中,王氏在夸大科学之弊和艺术的精神救赎功能时,就不断地引证从柏拉图、亚里士多德到席勒、

---

[1] 《国画创新应取的途径》,载《中国美术会季刊》,1936(3)。
[2] 载《中国美术会季刊》,创刊号,1936。

罗斯金的经验之谈。又如,他虽然对世人赞美八大、石涛颇有异议,而自己却承认:"余作画多不经意,草草挥成,出入于清湘、八大之间,或写细笔亦颇得石头陀挺秀之致。"①这种微妙的变化甚至逻辑上互相矛盾的征候,当然可以视为王氏精神调适的结果,但也未始不是王氏为自己的艺术选择寻找理论上的支持的策略。众所周知,夸大科学之弊与艺术的救赎功能,是第一次世界大战之后相当流行的论调,它在逻辑上很容易被引申为东方——中国精神优胜论的基石。就笔者所见者而言,《缵槐堂诗钞》没有收入王氏民国十六年(1927年)以前癖好的新诗之作,辑录者均为旧体诗,题咏对象则例多古人之作。另一个异常明显的变化是,民国二十六年(1937年),王氏入选第二次全国美展的作品《柳鸦》轴,一改折衷中西画法而为追踵八大风格的会心之作。所有这一切都说明,王显诏虽然反对艺术创新有"计划",但在他那里,仍然有一个触手可及的方案,那就是,通过深入地理解前贤之作,在恢复对于传统的信仰的同时,为自己找到新的价值标准——悔其少作,从这里大概也不难找到些许端绪吧?

  除了诗文、书法、印章,王显诏传世绘画之作中既有中国画,也有少量水彩、油面。据记载,1947年7月,由南洋归国途中,由于轮船失事,王氏所携书画什物全部散失殆尽。加之此前潮汕沦陷,此后"文化大革命"抄家,历经劫难,王氏的绘画作品存世不多;现在所见者,虽云寸缣尺素,例皆弥足珍贵,但真正的代表作,已经很难找到。在笔者看来,传世之作中,最能够体现其艺术理想的绘画,当推1939年夏天在潮安凤凰山区避难期间所作的《二辟山庄图》和1949年完成的《山水册》。《二辟山庄图》四尺整纸立轴,以松动苍润的笔致描绘其临时寄居之所,勾云敷色,画树积墨,皆笔笔中锋,气息古雅而渊含新意,充分地体现了中国画艺术融诗、书、画于一体的古老传统和王显诏作为一个画家、书法家、诗人和篆刻家的全面素养,确为不可多得之作!《山水册》纯系水墨,兼用细笔、阔笔写黄山、家山印象,墨分五色,枯润兼施,笔致之老练独到,分明已臻炉火纯青之境;特别是其中的《云淡秋无影》和《春雾》,表明王显诏在描绘润湿朦胧的境

---

① 《补题清溪迭翠图赠杨须庵》,见《缵槐堂诗钞》,抄本。

界时偏爱借用米家笔法,但在整体氛围的营造中却似乎有意无意地兼涉了水彩通透明亮的效果,源自西画的空间意识,一如春水薄雾,也被自然而然地渗透于笔墨的氤氲幻化之中了。

进入50年代以后,像许多老一辈艺术家一样,王显诏也自觉地致力于艺术内容和艺术形式的变革。以完成于50年代初年、题为《旧的挖了,新的正在赶填着》这件作品为例,王显诏为了真实地再现潮州人民修堤筑围这一社会主义建设的情景,早年积累的西画经验在这里又再一次被派上了用场,但由于拘于形似,似乎很难展现如《二辟山庄图》所示笔精墨妙的神采丰韵。可能因为年迈体弱多病,也可能是在形式上很难适应急剧变化的现实情境,这一时期王氏的作品多为花鸟应酬之作,精心结构的山水之作并不多见。

可以这样说,王氏绘画艺术的巅峰时期主要在30年代后期至40年代,这是一个兵荒马乱的时代,也是王氏个人生活中颠沛流离的时期,人生状态,诚如所说:"年来游踪所至,笔之于册,或嵚崎历落,或山居野趣,不限于一景,写法亦不限于一家,盖随时随兴书之也。"其《自题小像》又云:"沧海横流似叶身,认他骨相怪嶙峋。去家飘荡几千里,老我荒唐第一人。空眼望天惭近视,短髯遇物亦添瞋。文章信美终无补,破浪乘风到处春。"记诸1943年3月5日《赠王少兰山水册·序》的这些文字,无疑有助于我们对王氏绘画艺术的风格样式和精神属性的理解。换言之,构成王氏绘画艺术的兴趣中心主要是冥冥之中的某种诗性的理解和把握,他在诗、书、画、印包括音乐方面的全面知识,是其烟云供养的主要泉源。境之所迁,并不妨碍志之所立和情之所钟,正如他在同一篇序中所强调的,"读余诗者可知余之素志也",这种随缘任运,以内在情致为归依的选择,促成了王氏绘画更为趋近传统的南宗美学要义,也在情理之中。

王氏的绘画题材涉及山水、花卉,但其成就主要体现在山水画。总的来看,50年代以后,王氏山水已不多作;应酬之作,多为花鸟画。对吴昌硕画风的泛滥,王氏早就持非议的态度,因此,在他的花鸟画中看不到时流习气,并不奇怪。特别是他的墨竹,略师蒲作英用笔而更兼风霜雨露之态,水墨淋漓而气韵淳厚,诚如丘金锋先生所说,"潮州画史前后无与伦比"；即使是置于整个现代中国绘画史中，也堪称戛戛独造之作。民国年间，海内各界名流题咏王显诏绘画者众，名字如雷贯耳者如章太炎、叶恭绰、王宠惠、陈衍、朱汝珍、蔡元培、谢无量、蒋梦麟、于右任、易培基、张道藩、黄宾虹、徐悲鸿、林风眠、柳亚子、马叙伦、沈尹默、居正、林森、王世杰、刘海粟等等，为诗、为文，例多应酬溢美之词，但王治心写于民国二十四年（1935年）五月的绝句："林峦萧瑟倪迂派，云树苍茫海岳心；破壁昏灯一披视，山山烟雨草堂阴"①，似乎颇能贴近王氏画风、画境。而从大处着眼、点提要旨，则以徐悲鸿的"追踪古人"和蔡元培的"与古为新"八个字最为切中肯綮。

在西潮汹涌、天下纷纷言"创新"的情境中，王显诏能够一本自性，参透画学之民族本质，以滴水穿石的韧性达到自我圆满的境界，殊为不易。特别需要强调的是，王显诏绝对不是一个只知有古、不知有今，只知有中、不知有西的传统主义者，他不但在沪上求学期间得到西画的训练，熟练地掌握了印象主义的语言技巧（在所作油画《湘桥》中可见一斑），他所写的《美的人生》已经足以说明，他非常熟悉柏拉图以来的西方人文传统。在人才济济的民国文坛、画坛上，他能够以飘然独立一布衣的身份，僻处潮汕而神游天下，最后，在神明烛照之处，找到立艺、立言、立德的支撑点，这是其特立独行之处，也是晚辈后学如我者无法望其项背之处。今年，是王显诏诞生一百周年，略书此文，非敢奢言高扬潜德幽光，只是学习前贤的一点心得而已！

原文载李伟铭《图像与历史——20世纪中国美术论稿》，中国人民大学出版社2005年。

---

① 见陈说义编：《题王显诏先生法绘诗词集钞》，汕头市自强印务局印本，1937年5月。

我所认识的王显诏先生

丘金峰

王显诏先生是潮城出类拔萃的书画家。1981年元旦,由潮州市文联举办的《王显诏佃介眉遗作展览》在潮城东门楼展出,得到美术界很高评价。不少观众见物思人,想知道老前辈的生平事迹,我因此就所知者记述于下。愿王先生的艺与德长留天地间。

一

1964年,一天,在潮州镇人委会上,一位大个子的委员在介绍潮州美术事业的情况,引起我的兴趣。听其声音,洪亮阔大;看其相貌,浓眉大眼,方脸白发,既壮且秀;衣着朴素,使人感到可敬可亲。他就是王显诏先生。会后,我找他谈绘画,觉得他很有学问,又不满足于既得成就。有两件事一直印在我脑子里:一是他说他不会画人物,今后要学会画人物,才能更好创作具有时代精神的山水画;一是他要改革山水画的皴法,到自然中去写生,见到什么样的山石就画什么样。其实他已是这样做了,在遗作展览中见到他的《引韩灌溉》及《修建湘桥》二图,便是如此。我感到这位老画家,是自觉跟着时代在前进。

王显诏,潮州城里人,住义安路缵槐里,故有《缵槐堂题画诗钞》,先后发表于30年代北平出版的《潮社月刊》。

先生原名观宝,字严,又字克,初号棹父,退休后改为闲棹,自称居易居主。生于1901年,卒于1973年,享年72岁。先生生前是我省人民代表、政协委员、美协理事,是一位多才多艺的老画家。绘画、书法、诗文、篆刻都有较高的艺术造诣。先生早年在上海中国大学学的是西画,毕业后在韩山师范及金山中学教的是音乐,而结果却是以中国画知名。

二

1964年后,我与王老很少见面。后来"史无前例"的"革命"开始,字画全被禁锢,王老的艺术生活,也更无从得知。倒是因为"文化大革命"的"破四旧",使我能从"四旧"堆里,见到了王老的好些作品,眼界大开。1970年,潮州5个街道举办了破"四旧"展览会,王老的作品在展览会上被列入"四旧",批判示众。就在那里,我见到王老早年由西泠印社出版的山水画册及书画润例,爱而不敢言,也不敢多看一眼。想到这些作品即将毁灭,十分疼心。幸好有国务院下达保护文物文件,我才得据以通知博物馆同志,将有文物价值的"四旧"拣走。王老的部分东西,当然也在内。等到落实政策时,这些东西就交还王夫人了。1981年元旦,为了撰写王老遗作展览会前言,我详细地翻阅了这些东西,其中书画润例是1929年在上海由当时艺术界的知名人士陈小蝶、哈少甫、王震等人合订印发的,内有潮州风景画二幅,各式作品价目多条。使我感兴趣的是当时美术界评论家陈小蝶为润例写的序,序中说:"春间,全国美展会审查时人作品,见王君显诏画,皆惊曰:'真石田也'!予见君布局敷色,多折衷西洋法,而运笔独用腕力,浑然中锋,绝不假借,此直无意学石田与石田合者也。"

其实王老并非学石田,而是学石谷,也从倪云林、王右丞等人中吸取营养。

也就在这1929年,《王显诏山水画册》第一集出版了。王老晚年很后悔出版这个集子,自认为技法幼稚,他对我说:"如果收得回,应全部收回来。"但我们却从画册中看到王老的山水画创作一开始就掌握着传统技法,走在现实主义的大道上。在这本画册卷首题词的有于右任、吴湖帆、吴徵、蒋梦麟、谭泽闿等名人。册中集山水画20长幅,大部分是潮州风光,如《韩山红棉》《韩祠橡木》《韩岭丛筱》《湘子江城》等。其中有5幅是1929年春天参加全国美展的展品。当时主持展览的人有这样的规定限制,凡画家上送作品不论多少幅,倘能入选每人以一幅为限。而王老画的是潮州的景物写生,评选的人认为不能只挑一幅,应全部展出,故王老的5幅画全展出来。这一破例,使王老更受人重视。也可见王老国画的造诣。蒋梦麟对这些作品的评价颇为全面,他在卷首写道:"淋漓米海岳,疏落倪云林。取意有真宰,披图见素心。湘城江渺渺,韩岭橡森森。众美集中外,寸毫含古今。斯才真不易,胜境许相寻。展对明窗下,悠然欲抚琴。"蒋氏认为王老的作品,能运用像米芾那样淋漓的泼墨法,以及像倪云林那样疏落劲健的笔法,抒写自己对"湘城""韩岭"等潮州风光的感情,有诗与音乐的意境,使人看了引起共鸣,"悠然欲抚琴"。

这一年,先生才27岁,技艺在发展中,至60岁左右,才达到精妙高峰。其风格文雅秀逸,墨韵生动,意趣横生。无论山水、墨竹、墨荷以及书法都达到很高的艺术境界。1963年全国名画家来潮汕深入生活,王老与他们合作多幅,并由王老题款。王老之画,受到画家们很高评价。可惜"文化大革命"夺去了他的画笔,扼杀了他那成熟的艺术生命。

三

王显诏先生一生心血都用在书画上。王夫人说他除了书画别的都不管,穿戴十分俭朴,自己染灰色布做衣裳。人们还记得他经常穿着灰色的中式衫,上省城开会也是穿这件衫。有钱便购买画册及书画名迹。他的画册保管得很好,每本编个号,以便于查阅。在大浩劫时,画册被抄去3大麻袋,使王老先生心疼得昏倒过去。王先生极爱字画,一听知谁家有好字画,定要设法借看,有时还要经过几个朋友间接介绍才能见到。一朝见面,如获至宝,久久看不够,总是流连忘返。他一向主张学画要多看墨迹,如力所能及,尽量购买。倘属高手的字画,破存一角,他也收藏。朝朝揣摩,心有所得便挥毫作画。

抗日逃难中,王老仍不忘翰墨。这个时期的创作极丰。有句云:"凄其风雨应怜我,双手且将大块擎。"(许伟余老师曾评此诗云:"浑雄有奇气")这就是王老当日的心声和抱负。作品偶见钤有"逃命余生寄古楼"及

"十年磨剑"闲章。可见他在"凄其风雨"中,对于艺事仍在奋猛精进。

王老在潮汕沦陷后即改字为"严",王夫人李郁贞改字为"正",抗战胜利,又改"严"为"克",王夫人改字"正"为"复",即"严正"与"克复"是也。实寓有对抗战的态度和爱国家爱民族的深意。

1972年,王老眼睛患白内障疾,身体也很坏,整天坐在布椅上,极为苦闷。我去拜访,他很高兴。谈起艺事,侃侃、娓娓,忘却人生痛苦。那时正遇"文艺回潮",他看到国画形势好起来,高兴地对我说,等割眼膜后便要重新作画。他乘兴在我的临古山水习作册子上题了"攫取精华"四个字,并加盖"人书俱老"闲章。我看到他书写十分吃力,是多么希望他早日恢复健康,能够挥写自如呀!谁知这四个字,竟成为他的绝笔。数月后,王先生便与我们永别了。

但愿先生的艺与德长留人间。

原载《汕头文史》1985年第2辑

缅怀王显诏先生

叶天津

一、勤奋的学子

出身书香世家,而又幼年丧父的王显诏先生,在青少年时期,生活是十分拮据的。在他自己写的一篇发言稿中这样说过:"我的幼年时候,生活是很苦的。我才6岁便死了父亲,一家生活,由我母亲替各酱园店加工些贡腐、贡菜等,以资维持。两个弟弟稍长成后,先后去各商店里当学徒,我则找那些可以减免学费的学校去继续读书,同时再向亲朋借贷,以助费用。到我出来教书后,要把4个年头的积俭,以偿读书时所欠债款。……"虽然王先生自幼家境是这样艰难,但这也培养了他从小就自立自强的意识。据王夫人李郁贞告诉我,当时"王先生不负众亲朋所望,从1917年至1923年整整6年中,发愤图强,先是到广州旅省中学读书;后来又征得学校同意,一边读中学,一边到上海进修走读。当旅省中学临近毕业考时,详知王先生才质的杜校长,十分爱惜他,才通知他回校参加毕业考。毕业后,王先生才正式就读上海大学。"在大学,王先生学的是美术专科,不单学习西洋画,也学习西洋乐。珍惜时间的王先生,经常严格要求自己,就是在假日,也争取机会磨炼艺术技巧。笔者收藏一幅王先生当年的小水彩画《杭州西湖》,是他的速写习作;另一幅油画《湘子桥》,则是王先生回潮州后写生的。据黄梅岑先生回忆,王先生不单书画、诗词,而且弹钢琴、拉小提琴,无所不通。当年王先生在上海放假回家,看望病重的黄笠香老先生时,特地演奏小提琴为老先生解闷,大大感动了黄先生。于此,也可见青年的王先生是多么潇洒和热情勤奋的。

二、仁爱的师长

王先生的治学是严谨的,仁爱的心更是难得的。在我接触到的师友中,当提到王显诏先生时,都无不称赞他的为人。曾在韩师当校医的胡镇福先生,更是多次怀着敬佩的心情提到王先生如何关心和教导学生。当学生无法交足学费时,王先生总是代为说情,尽力使他们能够读书。当毕业生要外出奋斗时,先生又总是多方教导和鼓励。他早在1933年写的一篇文章中,就把青年比喻为待栽培的"花儿",指出如果"给它以多少培养的功夫,也不难长成为灿烂美丽的园地"。他不单说,而且身体力行。更为难得的是,当进步学生在参加革命活动,遭到反动当局的迫害,学校也企图开除他们时,王先生挺身而出,坚决保护这些青年学生,直到他们毕业离校。当国家危难、日寇横行时,先生又积极教育学生,树立爱国主义精神,不单教唱《义勇军进行曲》《大刀进行曲》等革命歌曲,还教导学生如何创作"抗战画",如何在画面上揭露"日军在潮汕的暴行",如何更好地鼓励人民群众"坚定抗战必胜的信心"等美术图画。抗战胜利后,王先生到泰国、新加坡、马来西亚举行个人画展和讲学,受到艺术界、侨胞和学生们的热烈欢迎,掀起一次弘扬中国艺术的高潮。经过半年的艺术交流活动,先生载誉回国。在归途中,所乘洋轮触礁失事。在危难中,王先生坐头等舱本来可先上救生艇,可是他让给了妇孺和老人,等到最后,才安全离开沉船。但灌注自己心血的书画作品却付诸汪洋,衣袋里仅有的"两佰多元美金,也被水手强行抢劫"。这件事,是在"文化大革命"后的1982年,王师娘和我谈到的。那时,我见到她慈祥的眼光里,隐约地闪烁着泪珠。这使我十分感动,也使我进一步了解先生的崇高人格,也理解了为什么像他这样的名人,生活还总是那么节俭。

1958年,我在潮州工人艺校学习时,才14岁,对王先生知之甚少,只知道他的形象是一位艺术学者,也见到当时的老师们都十分敬重他。我又十分喜爱中国画,所以,经常同先生接触,而他从不摆架子,从不言他的成就和地位,只是叫我多画、多想、多看。他说:"如果你画倦了,那就停一下,但不要将心也停了。"有一次,我问王先生:如何鉴别古瓷器,他只是告诉我"你看多了,有比较就自然明白"。这种真知灼见,是多么负责任,比起那些夸夸其谈的玄语,不知高出了多少倍。这也只是到后来,我才体会到的。记得有一次,我同师友们一起到桥东瓷厂写生,王先生叫我先在他的写生画版上对景用炭笔打草稿,然后他老人家再用笔墨修正,画成一幅国画新景。这件事,也一直使我难忘。王先生对后辈的鼓励、信任是何等坦荡啊!在"文化大革命"期间,王先生家中遭到查抄,在劫难中,先生坚强地活下来。后来,我去看望他,他特地从楼上卧室下来,什么也没说,只是问:"最近画什么?"因我在单位的工作是工艺美术设计,所以,仅回答说:"在画设计。"他笑了,又嘱咐:"记住,不要将心忘了。"

三、博学的学者

王师娘曾深情地回忆:"……自从和他(王先生)结婚后,他每日往韩师授课外,回家时都是阅读书报,或赏览书画、诗词、古籍,手不释卷;或执笔写字绘画;或弹琴唱歌;有时还刻印。""如果闻知同行收藏有较好的古籍字画,他就千方百计找机会观赏,非得一睹为快。"

1929年,王先生再度到上海,参观了第一次全国美术展览会后,这样记述:"这个展览会集中了书画、金石、西画、雕塑、建筑、工艺美术、美术摄影等共七部。"而且该展会还"敦请海内大收藏家轮流值日,将所藏精品陈列。""皆为罕见奇作。""观赏者颇觉搜集之不易也。"(见王先生《参观第一次全国美术展览会纪略》)通过这次集古今中外的大型美术展览会,大大启迪了王先生。后来,先生又多次出访交流,由于博览群艺,涉猎范围广,眼光也看得更准确、深远了。所以,人们常敬重地请他鉴赏名作文物,现藏潮州博物馆的古书画,其中就有王先生的鉴赏题志。收藏家胡镇福、康晓峰等先生的收藏也都请先生鉴记。王先生多才多艺,使他能客观地、实事求是地提出鉴定意见,深得学术界的敬佩。

王先生虽长住潮州,但同国内外名流却常有交往,在日本、台湾和东南亚等地都有先生的朋友和学生。1929年以后,因参加画展和出版画册,得到百多位贤师益友的题咏,而且经常和《艺风》《湖社月刊》和《采风》等艺术刊物联系,并为其专栏撰稿。直到解放后,还在新中国的《美术》杂志上发表评论文章。王先生渊博的学识和艺术造诣,深得世人推崇。1963年,来潮州进行写生活动的上海画家应野平先生就十分敬重地说:"王先生是全国有名的。"

四、艺术的创新者

每一个从事艺术创新的人,都体会到艺术创新的艰难;就是有丰富的艺术修养、扎实的基础,要向前迈进每一步都是跋涉的。正因如此,知难而上的王先生自上一世纪20年代就已坚定实践探索、提倡艺术要创新了,而且旗帜鲜明地强调艺术对人类的积极意义。1929年,王先生在《本校廿七周年纪念会中艺术展览的意义》一文中,就大声疾呼:"艺术是生命之泉源,艺术是精神的原素。""美的天地也并非立刻便可浮现的那样的平凡。"从事艺术要达到"举世誉之不以为荣,举世毁之不以为辱。……"的境界。要"不甘自居艺术之宫、象牙之塔,我们都要跑到十字街头,去和群众携手,努力,努力!"在那个岁月,王先生的这些见解已经走在时代之前列。同年,王先生观看了民国第一次全国美展后,就敏锐地肯定了当时美术的创新风气。指出在中国画中有"以新法入画,别开生面"的《放鹤亭》《黄昏》等作品;有"用东洋法渲染,栩栩欲活""有出蓝之妙"的高剑父、高其峰等人的山水花鸟画。在油画中,有不拘泥西洋技巧,还能"于对象之外,表现诗的情绪"的《处处闻啼鸟》《繁华》等油画;对于"为油绘中之俱有水彩神韵者"的《秋菊》《都门瑞雪》等作品,则表示了"令人佩服"。而他自己参展的《潮州胜景》组画,在当时《申报》有这样的评价。"……画之佳者,率非海内知名之士。其中,如王显诏之阔笔山水,而用西洋设色,皆自有其生命。……"他的这种"用西洋设色"就是一种可贵的创新。

王先生的一生,是为艺术创新的一生。他在《批评应有的态度和国画的创新》一文中,就这样认为:"艺术是人类的本能",就是"呱呱的孩童,也有其天赋的艺术本性。"进而,他又分析人类的艺术活动或作品的所谓不同,只是"各个风格""趣味所在""领略方法"的不同;又指出艺术本来就"何曾不是时时的改革和创新"。在这一点上,他具体地以中国画的花鸟画、人物画和山水画的发展过程来说明艺术"何曾有死守着某种方法或某种作风呢?"而且他还注意到人们对于中西画的临摹问题的看法,他指出:临摹是"我们不妨把它来当作我们的营养,……当作粮食,要把它吃下肚子里,等它消化,来充实他的作品"。又说:"其实一种艺术品的革新,自有一种革新的趋向。"而且是"变于不得不变,成于不得不成"。接着,他又阐明"对于不合科学方法的问题,更可不攻而自破"的道理。最后,他又对当时"搬人家的东西,来说是自己的新创作"打了一个生动的比喻:"……用中国工人,用中国的材料,做了套洋服和建筑了一座洋房,这样便向人家说:这便是中国的新衣服,这便是中国的新住宅。大家相信吗?"王先生的文章不长,但这样客观、深刻的艺术创新观点,几乎是一个简明的美学体系了。而他在自己的艺术创作中,也努力实践求索,且成就卓然。正如当时刘海粟大师对他所肯定的:"……此艺人的高洁,实有伟大的使命。"林风眠大师也称赞王先生是"……非特立独行之士,焉能至此"。1936 年,王先生在《中国美术会季刊》连续发表了《国画创新应取的途径》和《艺术的民族本质》等论文,极力主张艺术"要适合时代生存,或超时代的改革民族的作品"。这种创意,这种强调艺术的社会意义、民族意义,已不是一个普通艺术家所能认识得到的。王先生又乐观地倡导:"如果人人能够本着创造的精神去发挥,社会是何等灿烂而进步呢!"

　　王先生的艺术创新思想一直在他的诗、书、画中表露出来,特别是解放后,王先生创作新题材的中国画,如《建设工地》《大好河山一样娇》和《三月红》等山水花卉,更是用实际行动进一步实践自己的理论。1954 年,在他所画的《潮州修堤图》就这样题款:"旧的挖了,新的正在赶填着。"语意双关,哲理深隽。1959 年,他在陈望等人合画的《秋趣图》中写上"亦放晚香,志我们年纪老了一些的人,也要迎头赶上"的题词。可见,王先生到晚年不单对人对己,仍无时无刻为艺术创新、为人类的新时代发展而高呼。

　　王先生的艺术成就是多方面的,王先生的品德是高尚的。而拙文仅是抛砖引玉,祈望和大家一起缅怀先生,研究先生的艺术成就,发扬先生坚持不懈、不断创新的精神。

原载《纪念王显诏先生诞辰一百周年》,香港天马图书有限公司2002年

詹安泰与王显诏

孔令彬

詹安泰与王显诏是民国时期韩师教师中的杰出代表,二人同龄,均出生于 1902 年,王显诏长詹安泰近 10 个月,也比他早来韩师 3 年。王显诏 1923 年夏从上海大学美术科毕业来校任教,担任美术、音乐等课程;詹安泰 1926 年夏从广东大学高师部肄业来校任教,担任国文、历史等课程。1939 年初,詹安泰受聘国立中山大学文学院中文系教授,直至去世;王显诏则于 1952 年因病从韩师退休。考二人在韩师一起共事 12 年,王显诏是詹安泰在韩师任教期间共事最长的同事,也是好朋友。今年适逢二人诞辰 120 周年,笔者特从二人诗词作品中辑录一些他们交往的片段往事,以供大家了解参考并做纪念。

一、共制韩师校歌

1927 年 6 月初,时为省立二师的韩师召开全校员生大会,詹安泰被推举为记录人之一。在这次全校大会上,有人提案学校的校歌传唱数载,建议变更。6 月 20 日,经过学校员生大会秘书处讨论,并提请校务会议决定,其中第五项提案"改换校歌案"就交给了两位年轻人去落实:"函请詹安泰先生撰歌文,王显诏先生拟歌谱,于一周内脱稿。"(《二师旬刊》第 77 期)时任校长为刚继任不久的谢贤明。两个年轻人接下这么重要的任务,一方面体现了学校领导对他们的重视,其实也未尝不是对他们的一种考验。

以今天的观点看,一周的时间自然催逼太紧。二人合作校歌的过程如何,我们今天已不得而知,但事情显然并不顺利。果然,直到第二年的 3

月,《二师旬刊》第 91、92 期合刊——《总理逝世三周年纪念特刊》上才又有了相关消息,其《新定校歌》消息云:"本校校歌,沿用数载,去年员生大会会议决另行变更,经由校务处请国文教员詹安泰先生拟就并请乐歌教员王显诏先生拟谱。兹均已制定,其歌调如下:'韩山之麓湘桥东,我校屹立气势雄;磊落英多会一堂,三民正育共陶镕。孙文主义,乃我党所宗,大家努力,作党国前锋。韩山之麓湘桥东,我校屹立气势雄;一齐奋起莫轻放,国民革命快成功。'"韩师今天的校歌歌词即是在这个基础上修改而来,曲谱则沿用至今。

此前,韩师各种校史皆谓民国时期的校歌词曲系王显诏一人独撰,此说从此可以休矣。私以为这也应该是詹安泰、王显诏二位先生友谊真正的开始。

二、诗词多唱和

在普通人眼中,詹安泰先生学的是传统文史,诗词功夫自然了得;王显诏先生学的则是美术音乐,其诗词水平如何,怕是很多人怀疑。实际上美术界的王显诏素以诗、书、画、印兼擅而闻名,其《缵槐堂题画诗钞》于 20 世纪 30 年代初,即发表于著名的《湖社月刊》。1932 年初,潮州人饶锷发起成立著名的"壬社",詹安泰和王显诏都是首批参与雅集的诗人。可惜的是,詹先生诗词结集时,其早期作品多不录故少存,而王显诏先生诗词无结集,故作品多散佚。笔者仅能根据韩师早期校刊找到些许材料,以做补充。

二人最早的唱和见于 1933 年的《二师周刊》。4 月 22 日,《二师周刊》第 27 期发表了詹安泰先生的几首诗作:《晚步桥东因过湘桥比归夜二鼓矣(二首)》《闲步汝平亭归来有作》。先生的诗作引起了同事们的兴趣,大家纷纷唱和,计有北岸(洪应堃)《次韵祝南先生闲步汝平亭》、星火(余仿真)《步汝平亭原韵》(第 28 期);陈继祥《次韵祝南先生晚步湘桥》(第 30 期);黄家瑞《依祝南先生汝平亭韵》,枯萍(黄昌祺)《次韵祝南兄闲步汝平亭》《过祝南北岸二兄处啜茗》(第 32 期);云(未知何人笔名)《次闲步汝平亭韵》《感赋用汝平亭原韵》(第 33 期)。王显诏的和作《次韵汝平亭》发表于第 31 期,且有诗前小序。二人的作品如下:

闲步汝平亭归来有作

詹安泰

意复渐为忧病减,春深始上汝平亭。
乍看远近江城活,相送青红花树生。
想像空余败壁在,云山争向夕阳明。
归来犹及凭窗听,无数谷禽散晚声。

次韵《闲步汝平亭》

王显诏

祝南先生《闲步汝平亭》诗,昌祺、应堃、仿真诸先生皆有和作。忆予每晨兴散步是亭,顷而校中女生来习操其间,予辄他去,因亦戏和。

拂晓春禽噪落月,揽衣阔步上危亭。
才听数吹洋哨子,便尔群来女学生。
掌擦拳磨花万变,裾翻袖舞草偏明。
系予拾级前山去,三舍犹闻"一""二"声。

还是在本年,11 月 29 日晚,詹安泰与同事王显诏、余仿真一起在校报编辑主任吴青民住处喝茶聊天,时大雨滂沱,四人便以《浪淘沙》词牌联句,共成三首。第一首由四人共同完成,其后二首,詹先生分别撰写下阕和上阕,余仿真补齐。这一次小小的雅集由吴青民撰写小序,与词作一起发表于《二师周刊》第 42 期上。限于篇幅,谨录第一首如下:

秋意正萧疏,秋影模糊,秋风瑟缩掌灯初。(余)
秋雨无端飘梦远,蓦地愁余!(詹)
酒罢倩谁扶?泪湿罗襦,怕看锦带浴双凫。(王)
暗恨柔思都不是,空对庭梧。(吴)

其时的韩师,气氛是十分压抑的,刚有数名学生因宣传进步思想而被汕头警方逮捕,其中就有吴青民的弟弟吴显模,所以几人的联语并非无病呻吟之作也。

詹、王二人还有一次特别有趣的唱和,是为一个被将军抛弃的小妾所写,打趣中亦颇多同情。詹先生的词作《蝶恋花》三首,蔡起贤先生曾对其涉及的这一本事做过详细的笺注;王显诏的词作《飞雪满群山》也保存了下来,时间是 1934 年 5 月《二师学生》第 2 卷第 5 期。内容如下:

飞雪满群山

某将军宠嬖,辗转留市桥上小店,店悬售刀锯农器,祝老曾纪以词,余亦伎痒成斯阕。

碧水通云,长桥跨岭,小楼冷撼晴波。愁怜市近,恨随潮远,雾浅犹认青螺。问繁华谁主,漫换得、锻炉瓦锅?帘旌风动,惊似昔日,看跃马横戈!

还记省:明珰摇翠帻,将军戎幕,醉舞笙歌。红笺暗记,金衣休惜,苍崖万丈难磨。忍匆匆过却,空重理、眉痕鬓鬖。新来叵耐,一檐语燕春怎么。

1936 年 10 月 23 日,詹先生更直接参与到韩师几位画家朋友的艺术活动中,为朋友合作所画小轴即兴题诗一首。王显诏不仅展示了画艺,还灵感萌发续题了两首诗,并纪其事,载于《韩师周刊》第 3 卷 3、4 期合刊。其内容如下:

加斯写燕,倡合作小画轴,文希为补石头,余亦以柳线系之,祝南复题句云:"柳絮随风转,燕儿傍水飞。他年我学画,添个不如归。"余忆岭南有陈燕儿者,善画,年前曾睹其倩影于书坊间,因续题是诗云:

拨尽柳丝难系住,君何多事我何堪。睡醒更续新裁句,空惹王孙忆岭南。

越日戏示语山又题

何须渡海问消息,绕壁呢喃已慢春。老祝好诗应示汝,亏君也作岭南人。

以上这些朋友间的小故事,足可做文坛掌故流传,亦给后人留下不少想象的空间。

三、为君之画频题诗

詹、王二人虽然均多才多艺,但詹安泰更擅诗词,王显诏则更擅绘画,为大家所熟知和公认。然二人成名亦有先后,王显诏以绘画成名时间更早。1929年4月,王显诏以5幅画作参加在上海举办的"第一次全国美术展览会"即一鸣惊人,获得了陈小蝶、王一亭等人的赞誉,次年出版的《王显诏山水画册第一集》由于右任、吴湖帆题签,且第二年再版,此后陆续有多达百人为之题词(见《题王显诏先生法绘诗词集钞》,1936年汕头刊刻)。这是潮汕地区画家在全国美术界所产生的第一次较大影响。詹先生为王显诏绘画作品题词,今天可见较早的一首是写于1936的《鹧鸪天》,亦收入《题王显诏先生法绘诗词集钞》,题目为《题王显诏画册,显诏兼精音乐》,内容如下:

一角山楼夕照迟,温麐歌板燕莺知。泣花屏镜惊秋瘦,碎楮江城入梦痴。

盘月梢,柳烟低,微波何处话通辞。虚堂网得春魂住,始悔当年学画眉。

这首词也被詹先生写成书法作品流传后世,其后的附记云:"显诏兼精音乐,风怀洒落,与余共事韩山逾十年矣。"从中可见二人情谊之不一般。

1941年前后,抗战动乱中的詹先生得到一幅王显诏的绘画作品,为之题词《减字木兰花·题王显诏造象》云:

十年肝胆,一往中人春酒酽。历落须眉,虎气苔花故剑知。

诗情画意,乱树惊鸟和泪倚。逃命何方?剩向荒天吊夕阳。

1942年抗日战争中,虽然身处两地,大约是应詹先生之请,王显诏还曾专门为先生绘制了《漱宋室填词图》(漱宋室为詹先生书斋名),惜图画今已不存,先生则为之赋词云:

翠楼吟

显诏为余制《漱宋室填词图》,漫题一解。

叶颤纤柯,烟笼草阁,天涯旧人归未?红桑惊换劫,况飘落寒蝉身世。千花弹泪。对万咽风蝉,长条曾系。歌珠细,串秋心愿,夜灯私试。

便拟,狂浪江湖,问短箫横笛,酒悲何地?月楼沉恨远,几荒乱鸦呼眠起。吴宫燕市。剩冷谷栖香,冰线调水。嘈腾醉,梦中犹恋,压眉山翠。

这首词是两位先生十多年友谊的结晶,也是那个抗日战争烽火连天的日子患难与共的珍贵记忆。

在资料整理过程中,笔者还收集到王显诏为詹先生祖上收藏的一幅名画所题的诗作,诗前小序云:"饶平詹氏,为清代望族,有一门同时九进士一翰林之号,收藏甚富。乃者其文孙祝南文曾出示沈石田山水长卷,神采蜚动,纸墨如新,且为天籁阁旧物,真神品也。因背抚一过,并系以诗。"诗题为《自题画卷》,刊载于《国画月刊》1935年第9、10期合刊,内容录在这里,以飨读者。

苍烟漠漠柳丝丝,万顷空濛望亦奇。
绝似太湖湖上过,满城风雨看多时。

曲径互通远近村,长林尽处见山根。
闲来老子还多事,一棹湖光认梦痕。

岭海深秋未苦寒,无端秋色入青峦。
柳条过雨犹凝绿,枫叶经霜尽着丹。

最爱长洲沈石叟,画沙屈铁古今殊。
松煤茧纸明窗里,貌取千山得似无。

四、与我相欢逾十载

在韩师任教期间,王显诏堪称詹先生的知心好朋友,二人有着共同的喜好——传统诗词书法;也都有一颗不甘寂寞的心,努力追求进步。王显诏在美术界的初步成功,无疑也深深激励着詹先生不断提升自己的实力,希望有朝一日可以展翅高飞。两人性格似乎也可以互补,詹先生喜静,王显诏好动。詹先生有两首专门写给王显诏的诗词作品,从中不难看出二人的性情相得。

其一是写于1935年3、4月间的一首词《安公子》,词前小序云:"王显

诏与余共事近十年,精乐理,擅绘事,远近来学者成徒,女弟子尤特为勤恳。显诏要余词,为成此解赠之。"词的内容如下:

绿水桥边树,嫩寒风叶行空语。百啭黄鹂宫徵外,共玉娇啼诉。问小院、何人泪落银筝柱?流怨红占断来时路。渐赋怀吟损,还见临楼眉妩。

犀响连朱户,幽魂暗逗脂香苦。秀水明山妨梦到,况江城残楮。漫点染、苍鬟唤醒天涯暮。羞舞裳肯作春妍否?念酒态花情,痴绝王郎风度。

其二是写于1936年的一首诗《赠王显诏》,内容如下:

乱时无分守闲冷,安得清谈瀹香茗。王子乐道游艺人,广额修眉顾以整。与我相欢逾十载,佳言木屑霏霏永。家蓄书画不计轴,日夕香河划小艇。醉抹萍光牵翠荇,钩沉剥肉亲明靓。烧兰爇蜜坐待老,涷雨怪风来常猛。摇摇屡见心旌翻,汪汪旋觉江波静。自有笔花夺目睛,褰腰粉面群造请。试和歌喉粗间细,亦出古调穷高迥。颇使耗精识者稀,或笑苟安天之幸。东看则西南成北,喻指非指况虚景。穷儒忧乐何能同,且共搜奇登绝顶。

两首作品对王显诏的刻画十分生动传神,"念酒态花情,痴绝王郎风度。""醉抹萍光牵翠荇,钩沉剥肉亲明靓。"詹先生与之相处日久,似乎也感染了王显诏的不少性情,就连诗词作品都充满了幽默情趣,是詹先生作品中少有的轻松愉快之作。"与我相欢逾十载,佳言木屑霏霏永。"两人的这种友谊确实很真实很真诚,让今天的我们亦羡慕不已。

结语

抗战中,二人联络频仍,并同在许心影主编的《光华日报》副刊《岭海诗流》上发表多首诗词作品。遗憾的是抗战胜利后,二人联系却越来越少,或许时间和空间的距离使得二人渐行渐远,再难看到彼此的唱和与交流。王显诏仍僻处粤东一隅,虽偶尔出来走动办个画展,但略显落寞;而詹安泰先生则在广州中山大学越来越接近舞台的中心,向着岭南词学大家的声名逐步迈进。

原载《潮州日报》2022年2月27日

王显诏题画诗

孔令彬

中国传统绘画十分讲究意境，往往画上题诗，诗画互补，使画面意境更加深远；再加盖印章，使中国画集诗、书、画、印于一体，形成了独特的艺术形式。民国以降，由于受西方绘画理论影响，现代国画画家中能题诗者越来越少了，有的善画不善诗，有的善诗不善画，而诗书画三绝者，更成了"稀有品种"。潮汕地区的传统国画也存在这方面的严重问题。民国以来，虽有上百人前往上海等地系统学习过绘画艺术，但能够在画作上题诗的仅有孙星阁、王显诏、郭笃士、王兰若、孙裴谷（旧派画家）等寥寥数人，而王显诏则显然又属其中的佼佼者，时人称之"诗书画印"四绝。

王显诏1919年到上海大学美术科求学，是潮人中较早前往上海学习现代绘画艺术的学生之一，1923年毕业。在读期间，不仅学习传统绘画理论与技艺，还学习西洋绘画、西洋音乐等。毕业后即到广东省立第二师范学校（后改名为省立韩山师范学校）任教，教授图画、音乐、文史等课程，1952年因病申请提前退休。在韩师任教期间，一开始的他并不突出，1928年接受学校委托为校歌作曲是他受重视的开始，而接下来两年的两件事更使他声名鹊起。1929年，王显诏的参赛作品国画《潮州胜景》5帧，以打破展览会规则的方式全部入选在上海举办的"第一次全国美术展览会"，受到赛会组织者著名画家陈小蝶、哈少甫和王一亭等的共同推崇："此今之石田也！"1930年7月，由于右任和吴湖帆分别题签的《王显诏山水册第一集》由西泠印社、神州国光社、有正书局和文明书局联合在上海出版，次年二月即再版，当时为画集题咏的名流达数十人。此后先生的绘画更成为潮汕地区在全国有影响力的第一人,其绘画及书法作品多次和国内著名画家的作品一起参加国内乃至国际的艺术巡展。

王显诏诗作,今天我们能见到最早的一首《米友石研山歌》写于1930年元旦,是为地方著名藏书家饶锷所收藏的一件太湖石而作。此后更在北京著名书画刊物《湖社月刊》上连续刊登专栏《缵槐堂题画诗》30余首。1932年元旦,饶锷发起成立潮州著名诗社"壬社",王显诏也是其主要成员之一。在抗战时期的古沟,王显诏又与同事许伟余、蔡起贤等发起成立了"巢社",1949年后则很少再有旧体诗词的写作。王显诏本人诗词并未结集,大多发表在当时的报纸、杂志等刊物上,笔者虽经多方搜求,也仅收集整理不足200首,遗失自然不少。考其诗词作品,大多为日常酬答之作,而其中的题画诗则有百余首之多,无疑是其艺术活动的重要载体,与其书、画、印一起,构成了他艺术生活不可分割的一部分,且具有一定的文学价值和艺术价值,尤值得我们重视。

自1931年第31期起,至1932年第57期止,发表在《湖社月刊》上的33首《缵槐堂题画诗钞》,显然是王显诏早年最为重要的一组题画诗。缵槐里是潮州老城里的一条小巷,王显诏的老宅位居其中。王显诏的祖父王春澥乃秀才出身,精书画鉴赏,是地方名士,其对于王显诏走上绘画艺术道路的影响不言而喻,或许这便是画家以之命名这组题画诗的缘由,以志不忘本也。这组《缵槐堂题画诗钞》创作和发表的时间恰是王显诏在国内画坛声名鹊起之后的不久,考虑到之前他并无相关的题画诗作,即以公开出版并为大家所追捧的《王显诏山水册第一集》而言,收入其中的20余幅作品也均无题诗,可知这组《缵槐堂题画诗钞》当是作者有意为之,包括选择在北京也是北中国最有影响力的《湖社月刊》上发表。这一方面是对于众多欣赏他的名流题咏活动的回应,表明他之于传统绘画艺术技能的全面掌握和精神领会,同时也未尝不是宣传和扩展他在画坛知名度的另外一种操作形式。王显诏另外一组重要的题画诗作发表于1935年成立的"中国美术会"会刊《中国美术会季刊》,该刊共出版4期,王显诏以《题画诗草》为名共发表题画诗作15首,并且在每期会刊上还发表有重要的理论文章,这充分显示了王显诏在当时中国传统画坛上的地位和影响。王显诏的题画诗还有一些发表在《国闻周报》《国画月刊》《光华日报》等国内著名的报刊,以及他所工作的学校韩师的校刊上,笔者也搜罗到数十首。这些作品汇集在一起,是可以很好地研究一下王显诏的绘画艺术特色的。针对这百余首题画诗,下面我们拟从四个方面来谈一谈其具体内容和艺术特色。

其一,为前人画作题诗。题画诗中有一类是不必题写在画面上的,大体是诗人、画家在观看欣赏古人或前人画作时用诗的方式表达自己观感和心理活动的一种产物,这也是传统题画诗的主要形式之一。王显诏早期题画诗中即有不少这方面的作品,如其《缵槐堂题画诗钞》里就有十几首这样的作品:《题文衡山〈柳阴系艇图〉》《题倪云林〈秋山图〉》《题龚半千〈清溪白云图〉》《题耕烟散人〈苍烟碧筱〉直幅》《题王麓台〈仿子久秋山图〉》等。我们是不是可以这样理解:这些题画诗或许也是作者在早期观摩前辈名家画作时有意用这样的方式来磨砺或增加自己对这些画作审美感悟力和想象力的一种方式?毕竟前人在这方面已有数量众多的题画作品可以借鉴。我们注意到王显诏的这类题画诗大都用语高古、洗练,均能以生动写实的笔法将空间静止的画面鲜活地呈现出来。如《题倪云林〈秋山白云图〉》:"云影迷青嶂,溪流泻碧潭。凉飔昨夜起,黄叶满江南。"再如《题宋比玉山水便面》:"长松高百尺,苍嶂挺千寻。日落寒声起,月斜烟水深。"《题汤雨生〈江南春晓〉小轴》:"疏星已没月将残,料峭东风生早寒。远霭迷濛江尽处,数声鸥鹭落前滩。"这些诗画面感极强,若去掉标题,直可看做一首首优美的山水诗。当然,欣赏者的想象和情感也是这类题画诗的重要抒写内容之一。如其《题倪云林〈秋山图〉》:"岚光佳苒水澄泓,远霭疏林一带横。有意西风追落叶,为君无尽写秋声。"画外音即十足。再如《题李复堂写生梨花》:"奇香冷艳两三枝,淡淡轻绡护玉肌。满院东风寒食雨,凝愁倚泪为阿谁!"情感之共鸣就更突出了。发表于《国画月刊》上的4首《自题画卷》,是王显诏在观赏好友詹安泰家藏的明人沈石田山水长卷后所写,前3首基本是以写实的笔触将画卷上的风景从不同角度进行了生动形象的描摹,第4首则不仅概括了沈石田绘画艺术的特色,更是由衷地表达了作者对于画家的喜爱之情!"最爱长洲沈石叟,画沙屈铁古今殊。松煤茧纸明窗里,貌取千山得似无。"①总之,我们认为正是通过这类题画诗的历练,加强了王显诏对于中国传统绘画的审美认知和理解,为其以后的创作打下了坚实的基础。

其二,为同时代人画作题诗。众所周知,传统文人流行"以文会友""以诗会友",而画家们自然也常"以画会友",或共同完成一幅作品,或为朋友的画作治印、赠诗、题款等,这些都是传统文人的雅趣和必备技能。民国以降,传统画坛能于画面题诗者越来越少,王显诏的题画诗就得到了朋友们的认可,且常常为朋友的画作题诗。陈文希是王显诏曾经在韩师的同事兼好友,得到的题诗也最多,如《文希造陈散原像汝滨嘱题诗》《文希属题画(二首)》《途中得句寄题文希画(二首)》《文希属题所藏高田美人小幅》等作,其中既有陈文希主动索题,也有王显诏的寄题。寄题之一的《麻雀》诗:"老鹰展翼势凌空,小雀支喳危命中。借问文希真怪杰,一年画出几英雄。"不仅对画面描摹形象、化静为动,且显示出二人颇为密切的关系。另一首题诗《流氓图》则是对抗战时期国人流离失所形象的真实写照:"无乱只今成野有,于书且订古依稀。逃荒万里关山道,人自清□草生肥。"韩师同事老画家孙裴谷属题的诗作则表达了王显诏对前线抗战将士的支持和对抗战必胜的信心:"卧薪尝胆吾曹事,耿耿此心铁石丹。载笔荷戈同切齿,可堪风雨独凭栏!""东夷自昔殊凶横,必败骄兵理有□。须识吾民皆战士,茅刀杀敌已三年!"(《孙裴谷画家写越王图寄卓明善属题,时明善治兵江西》)以词为样式题写朋友画作则其抒情性更强烈,如《解蹀躞》(题君绵画《饥鸦骷髅》):"野阔丹青濛貌,白骨宠烟晚。频年风雪,知他谁家院。寒鸦瘦不禁秋,颓然错认归路,啄余还散。 愁何限!最合枳梗红绽,多情伴幽怨。凄风时逐啾啾寒魂啭,便骄酒力登临,身闲盈阙休问,也应长泫。"其他索题的作品还有《题陈小蝶邮赠与钱瘦铁合作山水》《题天卓先生小像》等。与朋友合作画作时,王显诏往往都是最后题诗的那一位,这类诗作包括序跋,都充分表现了朋友们之间亲密的友谊和共同

---

① 1935年,王显诏模仿沈石田的山水技法作长卷一幅,并将此4诗题写其上,见《王显诏书画选集》第141页。

的志趣爱好。一首题画诗的诗前小序云:"文希自白宫来访,出楮作画,家泽写竹其旁,文希画枯木横卧水上,余为补山石,时庚辰十月有二日。"另一首题画诗的诗前小序云:"加斯写燕,倡合作小画轴,文西为补石头,余亦以柳线系之,祝南复题句云:'柳絮随风转,燕儿傍水飞,他年我学画,添个不如归。'余忆岭南有陈燕儿者,善画,年前曾睹其倩影于书坊间,因续成是诗。"类似的作品还有几首,这些诗作一般写得都比较轻松活泼,充满生活情趣,是艺术家在创作中最具生活气息的部分。"林子殷勤索画树,芙裴二老添云山。山深云远树愈肃,树肃更增云山寒。云山寒,且待他日着青丹。江山万古终不改,白云千载任往还。"(《树滋属题合作水墨山水,时余将返合溪》)此诗不拘格律而格调自高,显示了作者洒脱超越的品行,真可谓画如其人、诗如其人也。

其三,为自己画作题诗,这也是王显诏题画诗品类最多的一种。如《自题双旌碧筱立轴》《自题凤城故堞图》《自题清溪放棹图》《自题山水扇叶》《自题小黄鹤楼图》《题自写万松图》《题自写残菊》,等等,这些诗题材上多为山水、花鸟,形式上多为五绝、七绝,风格上则有闲淡、高古、秀雅、诙谐等等,不一而足。闲淡如《题玉兰花》:"粉黛何曾着一分,幽兰为伴玉为群。此花不是江淹笔,留与空天写白云。"高古如《题水墨山水》:"流云绕空山,绝壁上苍翠。应有采芝人,相期烟雨外。"秀雅如《题风雨竹》:"拂风霏雨自生青,莫道东湖异洞庭。君但一茗留与对,吟成如见晓蒙溟。"或许是因为经常被人索画应酬的缘故,王显诏的题画诗也有不少重复或大同小异的弊病,却也不失诙谐。如《题画》二首:"我是韩山人,我爱韩江水。江阔去帆迟,秋高白云远。""我是韩山人,我爱韩江景。江阔去帆迟,云淡秋无影。"《题画赠谢无量》与《题秋山黄叶图赠瀛壶居士(其一)》也大体相同,前者云:"诗人最爱秋萧索,岁岁秋归可奈何。却喜毫端留古影,满林黄叶雁声多。"后者云:"诗人最爱秋萧索,岁岁秋归可奈何。却向毫端留片影,满林黄叶雁声多。"仅仅更换了几个字,这大概也是作者应酬一般人索题的诀窍之一吧!据说下面一首诗经常会被王显诏写赠给不同的索画人:"苍茫大地供舒眼,寂寞河山合赋诗。珍重故人相问讯,白云红树实离离。"当然,作者亦有不少情真意切的题赠诗,如《心一索画,为绘白云图奉贻,兼系一截》:"痴绝半生君让我,诗脾别后我输君。他年重棹珠江水,共上寒山抉白云。"再如一首题诗小序云:"乾英不忘故地,邮属写《韩祠图》为纪,为云已得胡朴安丈撰联丽之。时适红棉谢后,子叶未舒,满眼空山,参列老干而已;岭海穷冬,或未有此幽寂也,即书其角。"诗云:"共住韩山近十年,巍祠古木两依然。感君别后多情思,写寄江南万里天。"此类酬答题赠之作言止而意远,数量亦复不少,不一一胪列。王显诏最为重要的画作之一《二辟山庄图》写于抗战初期避居凤凰山时,这幅巨作以其精湛的技艺较好地呈现了凤凰山水之美,更因书法、印章、题跋的相互映衬而达到了王显诏艺术的巅峰,其上的题诗用章草,不仅书法"潇洒秀丽,古雅超逸",6首七律的内容和艺术水平都堪称王显诏题画诗的代表。"六首诗,生动地描写作者携家带口为避战的种种艰辛情景,赞叹家山美如画,期盼早日收复祖国河山,抒发一个有民族气节的文人画家忧国忧民的家国情怀。"(郑振强《流离颠沛与家国情怀——解读王显诏的〈二辟山庄图〉》,《潮州日报》2021年7月4日)"不落俗套,将画转为诗境,诗中充满画意……"诗与画可谓"珠联璧合,无上妙品"(黄舜生:《王显诏题画诗赏析》,《深圳特区晚报》2005年6月20日)。

其四,王显诏画作中还有一个值得注意的现象,就是其常常题写前人古诗词于画面空白处。这种情况虽然不得谓之题画诗,但这些题诗有的不仅与画面的布局紧密相关,其内容也与画面内容构成一种深度契合的关系,恰好体现了传统绘画"诗中有画,画中有诗"的审美情趣。具体分析这种现象,一类是作者大概受前人某一题画诗的影响启发而作画,如《王显诏书画选集》第119页的《秋山亭子图》题诗用的是黄公望的题画诗,第122页的《云山人家》用的是元无名氏的题画诗,等等。还有一类情况是王显诏从古人的诗中寻到了某些灵感而作画,其诗与绘画本无直接关系,如上书第127页《秋山草亭图》,其落款"丙戌仲夏,潮州王显诏画放翁诗于郡北之春山别墅",便说得清清楚楚。此外,上书中还有数量不少的花鸟画上题写有宋代或明代的诗词作品,其中一些作品十分冷僻,不为人知。并且仔细研读这些诗词,其内容与画面之间的关系也并非十分紧密,这些作品多创作于抗战时期,未知作者出于何意。还有一些作品上会题写数首主题相近的不同古人的诗歌作品,如《王显诏书画选集》第 99 页的《雪梅》上题写有吴昌硕《疏影图》、陈与义《梅》、朱松《答江明道见示雪梅诗》和朱熹的《梅》,颇有些集诗的味道。

  以上略略辨析了王显诏的百余首题画诗,要之,王显诏的这些题画诗,题材上主要是以山水、花鸟为主,形式上多以七绝、五绝为主,内容上或抒发作者感情,或谈论艺术见地,或咏叹画面意境,风格上则随所写内容而变化多样,其中山水题画诗高古、淡雅,足称佳构。其与同人友朋酬答之作时而诙谐有趣,时而感情深挚,生活气息最是浓郁;至于感慨时事,有愤然而起慷慨悲歌者,亦感人至深。时人曾总结所谓题画诗类型为:描写型、议论型、感叹型、综合型凡四种,考诸王显诏的题画诗,在在皆有,这也正体现了王显诏比较全面精深的传统文化功底。宋人蔡絛的《西清诗话》说:"丹青、吟咏,妙处相资。"清代画家方薰说:"高情逸志,画之不足,题以发之。"清人恽寿平《瓯香馆集·补遗画跋》说:"诗意须极飘渺,有一唱三叹之音,方能感人。然则不能感人之音,非诗也。书法、画理皆然。笔先之意,即唱叹之音,感人之深者,舍此亦并无书画可言。"王显诏诗、书、画、印四绝,是传统绘画艺术在岭东的高峰和绝响,核诸《王显诏书画选集》,不知读者诸君以为然否!

民国时期韩师的美术教育

孔令彬

民国时期,潮汕美术进入一个全新的发展阶段,形成了所谓的"岭东画派"或"潮汕画派"。这一方面得益于晚清汕头开埠以后潮汕地区持续的经济发展,催生了社会对于美术的各种需求。例如由民间建筑以及对各类神明崇拜而延伸出来的各种民间工艺:潮汕木雕、石雕、彩瓷、瓷塑、刺绣、抽纱、花灯等,都包含有绘画因素。至于商贾、官僚、士绅等因经济实力增强而喜爱字画收藏,或装点门面,或艺术品鉴,自古皆然。另一方面,持续的外来文化输入冲击融汇交流,也使传统文化包括绘画艺术在不断的碰撞当中产生出新的艺术火花。这些外来的艺术观念主要是海派文化和南洋文化,对于岭东画派的形成至关重要,而支撑这些变革的大部分是20世纪二三十年代前往上海、广州等地求学返乡的数百位美术专业的学生,他们中许多人后来成为著名的画家。关于这一点,学界论述颇多,如蔡仰颜等著述的《潮汕近现代美术史略》和刘菲菲的博士论文《民国期间潮州地区的画家群体研究》等。"这些返乡的画家不仅传播'海派'艺术,而且在推动粤东现代美术教育事业和美术创作的发展上发挥了巨大作用,为潮汕画坛增添了无限生机,使潮汕美术从单一的传统国画,向多样化画种发展。""美术新学的兴起,改变了中国画师徒传授的教育方式,形成了学校教育与画家授徒并进的状况。"

笔者认为,当时潮汕地区的美术界主要有两个重镇:一是汕头,一是潮州。揭阳虽然也是美术人才辈出,但在影响力上则远不如前面两地。当时的汕头是潮汕地区经济最发达也最活跃的地方,其美术活动商业化市场化气息较为浓郁,如20世纪二三十年代先后成立的"岭东美术会"

"春阳绘画研究所""艺涛画社"等即属于具有一定盈利性质的民间美术机构:面向社会招收学员、不定期举办画展、不定期出版美术画册、画家间经常性的雅集交流等。而潮州作为千年府城和潮汕地区文化底蕴最深厚的城市,是传统文人画家最爱的栖居地,但其产生社会影响较大的则是两所官办学校平台——省立韩山师范学校和省立金山中学的现代美术教育。尤其是省立韩山师范学校,不仅在所有师范班开设美术(图画)课程、聘请科班出身的美术教师,还专门开办有一年制后来改为两年制的图工乐体科,为推动粤东现代美术教育事业和美术创作的发展发挥了较大作用。

省立韩山师范学校开设美术(图画)课程,最早可以追溯到民国三年;1921年一年制图工乐体科开始招生,1923年改为二年制。师资方面,早期任教的林柱臣、卢鸿恕、陈起强包括后来的校长谢贤明,显然皆非现代美术教育科班出身。1923年来韩师任教的王显诏是第一位科班出身的美术教师,也是在韩师任教时间最久的美术老师,为韩师的美术教育做出了巨大贡献。笔者查阅档案,将民国时期曾经在韩师任教的美术教师制成一个简表,从表中不难看出,自王显诏之后来韩师任教的,除了早已成名的老画家孙裴谷不是科班出身,其他大部分老师皆毕业于上海的各个院校的美术专业。尤其1936年的秋季学期,王显诏、陈文希、黄家泽、李君可、孙裴谷同时任教韩师图画课,师资力量之雄厚,堪称一时之盛,为国内同类院校所少见!也是这一年春天,韩师还设立了专门的美术教室,所有班级的美术课均在这一专门教室上课,十分便利老师和同学们的实践练习,由此可见美术教育在韩师之被重视。总之,20世纪20年代中期至抗战爆发前,既是韩师历史上最好的发展时期,也是韩师美术教育的活跃期,社会影响力大,名画家云集,也为韩师培养了不少的优秀人才。即使是在抗战时期艰难办学的古沟阶段,美术老师及相关特长的学生,也在抗日宣传方面发挥了积极作用,产生较大的社会影响。我们认为民国时期韩师的美术教育非常值得总结,这段历史以及历史中的人物更是不应该被今人遗忘。

王显诏是潮汕地区最早到上海学习美术的画家之一,也是上海大学美术科专业的首届毕业生。王显诏家学渊源深厚,本人博学多才,国画成就突出,在诗词、篆刻、美学、音乐、艺术批评等方面都有很高的造诣,是民国时期潮汕地区最具全国影响力的画家之一。与其他画家经常喜欢的流动性不同,王显诏的职业生涯几乎全部是在韩山师范学校度过的,自1923年到韩师任教直至1952年因病退休,长达30余年,因此,可以说他一生主要成就的获得都与韩师有关,堪称民国时期韩师美术教育的一面旗帜。1929年,王显诏参加第一届全国美术展览会,以《潮州胜景》5幅作品入展开始声名鹊起,1930年西泠印社出版了《王显诏山水画册第一集》,数十位当代名家题词,这时的他已可说是名满天下了。但他并没有飘起来,而是在多方面求发展,比如在北京的著名杂志《湖社月刊》上公开发表了数十首质量颇高的题画诗,主动参加地方诗社名人的唱和,以及频繁出席潮汕画家同人们的雅集交流活动,从不以名画家自居。更为难得的是,他还撰写了10余篇有一定理论深度和时代远见的美学和艺术论文,参与到时代的主流讨论当中。无疑,上述活动,虽是王显诏自己个人的艺术追求,却也深深打上了韩师的烙印,客观上起到了宣传韩师、扩大韩师影响力的作用。王显诏为人幽默、谦和,和同事相处愉快,如詹安泰、陈文希、吴青民、黄家泽等皆为其好友。他平时主动承担学校分派的各种工作任务,比如学校举办体育运动会、展览会,他都是热心的组织者和参与者,也深受学生们的喜爱,培养出不少优秀的弟子。

黄家泽任韩师美术教员的时间虽少于王显诏,但累积起来也有10多年。1930年,黄家泽于上海美专毕业并留校任教,1931年返回家乡潮汕任教金山中学等;1933年秋入职韩师,教授图画、手工等课程,期间创办了学生社团"白虹国画研究社",任社长兼指导员。这一时期也是黄家泽国画创作的黄金期。1936年,上海美专校长刘海粟大师和昌明艺专校长、著名书画家王一亭编印了《黄家泽画集》第一辑,两年后又为他编印了第二辑,画集风行全国,轰动一时。1938年秋,出于爱国爱乡、兴学育才的强烈愿望,黄家泽与王显诏、吴维科等老师多方筹集资金,创办了潮州第一所新型艺术学校——潮州艺校,并任校长,同事兼好友陈文希、丘玉麟等兼职任教。1939年夏,潮州沦陷,艺校随之停办,黄家泽仍回在古沟办学的韩师任教至抗战胜利。期间1943年自请休假1年,赴抗战后方考察各地中小学美术教育以及抗日宣传情况,返校后举办了个人的抗战画展,为抗战美术宣传和改革美术教育作出了贡献。1946年,又复办潮州艺校,后改为义安初级中学,保留专门的艺术班,中华人民共和国成立后并入潮安一中。总之,黄家泽在为本地培养专门艺术人才方面做出了较大贡献,也为韩师的美术教育做出了自己的贡献。

孙裴谷是一位前辈老画家,曾经在新加坡任美术教师多年,回国后任教揭阳、汕头等地。1929年在汕头开办裴谷山人画室,1930年专程去上海拜访美专、艺专的多位海派艺术大师,风格为之一变。1931年夏与黄史庭、高振之、杨栻、范昌乾等同人成立"艺涛画社",并开展各种雅集活动,编辑出版了《岭东名家画集》等。1936年秋,受新任校长李育藩的邀请开始执教韩师,以一个成名已久的老画家的身份站在粤东最高学府的讲台上,传道授艺。孙裴谷的加盟无疑是对之前韩师美术教育的充分肯定和认可,韩师也借孙裴谷的加盟扩大了社会声誉和影响力,他和其他几位教师一起,使得韩师成为岭东美术教育一个绝对重要的阵地。抗战时期,他随学校一起迁至揭阳古沟继续任教,艰难困苦中,孙裴谷关心民生疾苦,创作了一系列反映潮汕灾荒和军民团结抗战的宣传画作。他的得意门生刘昌潮于1942年也来韩师任教,师生同时执教在一个平台上,既是艺坛的一则佳话,也为战乱中的韩师美术教育增添了新的动力。可惜此时孙裴谷已有些体弱多病,于1945年夏因病去世。孙裴谷是潮汕画坛一个领军式的人物,一生弟子甚多,成名者众,其晚年选择执教韩师,也是韩师的荣光!

民国时期的韩师是粤东地区唯一的一所省立中等师范学校,自1922年方乃斌出任校长始,此后的谢贤明、李芳柏、叶青天、李育藩等,皆有建树,10余年间学校发展进入了快车道,多次受到广东省教育厅的嘉奖。领导们努力改善办学条件,关心青年教师成长,活跃校园文化,经常性地举办运动会、展览会等,以扩大学校的影响和社会知名度。在这种比较自由开明的氛围中,我们看到詹安泰先生用12年时间成为一方名士,并走向了更大的人生舞台——中山大学。王显诏也从一开始的寂寂无闻因参加第一届全国美展,抓住机遇,冲出潮汕,从而成为那个时代的佼佼者。韩师的美术教师大都毕业于上海,并与自己的母校乃至上海的诸多名家保持密切的联系。当然他们也并不满足于原来所学知识技能,更不局限于课堂传授知识,而是经常走出去采风,走向社会、走向江山,如积极报名参加全国性的美术展览、举办个人画展、参加地方社团的雅集活动等等。举办个人画展是他们当时最喜欢的形式,不仅在潮汕本地,有些甚至是在广州、上海等地,主题也丰富不一。1946年末至1947年初,王显诏携百余幅作品到东南亚多国举办个人巡回画展,在华人群体尤其是潮人群体当中大获成功,不仅个人名利双收,且极大地宣传了学校在海外的影响。抗战中,这些美术教师用画作宣传抗日、反映民生疾苦,义卖画作捐赠前线抗日将士,鼓励他们杀敌报国,如王显诏题诗、孙裴谷的画作《孙裴谷画家写越王图寄卓明善属题,时明善治兵江西》等,为抗日救国做出了一个画家应有的贡献。

在学校领导重视、专业老师指导、名画家效应的带动和引领下,韩师学生学习书法美术的热情被激发出来,各个班级、各个年级以定期出版的墙报为阵地,展开各种比赛。墙报不仅文字内容丰富,也十分讲究书写、插图、版面设计等艺术形式。著名校友国际摄影大师陈复礼先生就读韩师时,就以主持班级墙报《春耕》而为同学们所佩服;在年级联合主编的墙报中,陈复礼所主编的《韩江潮》也为老师同学们所肯定。著名画家校友李开麟、方若琪、洪藏、柳青等受学校美术教师王显诏、孙裴谷等人影响,从而走上了专业画家的道路。杰出校友著名历史学家苏乾英就读韩师时喜欢国画,与王显诏老师交往频繁,毕业后一直保持着对书画艺术的兴趣,成为业内颇有名气的艺术品收藏者。书法方面,韩师不仅有专门的美术老师教授,其他老师尤其是国文老师也十分重视书写,如戴贞素、詹安泰、郭笃士等老师的书法都颇具地方影响力,著名校友书法家陈其铨回忆中就提到受詹安泰、王显诏等老师影响从而走上书法道路。不但师生,韩师校医胡镇福,1928年毕业于上海医科大学,在潮州设诊所行医,兼任韩师校医,受学校氛围的影响,也爱好书法艺术,与学校及地方书画家交往密切,富收藏,善鉴赏。

韩师的美术教育不仅影响了学生,也产生了良好的社会效果。比如韩师举办每届学校运动会,为了宣传和吸引市民前来参观,同时也会举办各种成果展览,其中美术类展览不仅展品最多,观众也最多。在学校乃至地方社会上举办的各种募捐义卖活动中,韩师老师们的书法和绘画作品也是最受欢迎,募捐最多贡献最大。尤其在后来的抗日宣传方面,老师和同学们齐上阵,发挥了更大也更为广泛的社会作用。另外值得一提的是,潮汕地区民间工艺美术的发达,也是与包括韩师在内的学校比较重视和普及美术教育密切相关的。

以上粗略概述了民国时期韩师美术教育的一般情况,浅陋之处不少。其中有些资料借鉴了陈贤武先生的著名校友系列介绍文字,也得到了韩师档案馆的支持,谨致谢忱!其他一些不便放在文中的资料,附录文后,以供参考,特此说明。

附一:在韩师任教过的著名画家

王显诏(1902—1973),潮州人,潮汕现代画坛一位学养深厚的艺术家。1923年毕业于上海大学美术科,即来韩师任教,教授图画、音乐、文史等课程,直至退休。专攻山水画,画作富有书卷气,作品入选第一、二届全国美展。1930年由西泠印社出版《王显诏山水册第一集》,海内名流如于右任、徐悲鸿、柳亚子、林风眠等近百家题词,可谓"名满天下"。其高度的艺术修养,既直接陶冶了学生,也对潮汕绘画艺术气质产生了潜移默化的影响。王显诏另有关于绘画的著述《美的人生》《国画创新应取的途径》等刊载于《中国美术会季刊》。

曾幻一(1900—1988),汕头人,1926—1928年入读上海新华艺术大学,为该校首届毕业生。专擅油画,兼长水彩。1928年秋,曾幻一与陈文希、林受益、陈宗瑞、郑碧君等志同道合的朋友在汕头市组织春阳绘画研究所,曾幻一任所长,陈文希为副所长。热心推广西洋油画、水彩画,一年以后研究所解散。1931年起执教省立韩山师范学校,同时兼任《大光画报》编辑,所画漫画数百幅,皆为抨击社会时弊、促进民众觉醒的作品。

黄家泽(1911—1985),潮州人,著名画家。1927年考入上海新华艺术大学,1928年转入上海美术专科学校。因学习成绩优异,毕业后留校任教,期间还至上海昌明艺专深造,是艺术大师刘海粟、著名画家王个簃和诸乐三的得意门生。1933年回到省立韩山师范学校,从事教育工作和艺术创作。在韩师创办"白虹国画研究社",任社长兼指导员。1936年,上海美专校长刘海粟和昌明艺专校长、著名书画家王一亭编印了《黄家泽画集》第一辑,两年后又为他编印了第二辑,刘海粟亲自为画集题写了封面。画集风行全国,轰动一时。1938年,与吴维科等人合作创办潮安艺术学校。抗战期间至1949年仍执教韩师,为韩师的美术教育做出了较大贡献。

陈文希(1906—1991),揭阳榕城人,南洋中国画的传播人和奠基者,被誉为"东方毕加索"、新加坡画坛巨擘。先入上海美专学习,后转入上海新华艺术大学。毕业后与曾幻一等在汕头组织春阳画社。1934至1937年任教韩师,与王显诏相友善。1948年定居新加坡,任教于新加坡华侨中学、南洋美专等。1975年,新加坡大学特别授予他"名誉博士"荣衔。陈文希精通传统中国水墨画与西洋油画,善绘花卉及动物,立足传统绘画之根源,吸收西洋绘画之精髓,并以中西结合画风,奠定了他在国际艺坛上的重要地位,成为融贯中西的艺术大师。

李君可(1901—1980),普宁洪阳人。先入上海美专学习,肄业后转入中华艺术大学,1927年毕业。1931年与孙裴谷、高振之、黄史庭等潮汕书画家组成艺涛研究社。1936年春执教韩师,1938年秋到越南华侨学校,此后辗转东南亚国家的华侨学校任教。1961年归国后任教福州工艺美术学校。擅国画,尤长花卉,所作墨莲笔情纵恣,水墨芰荷尤饶意态,时人有"李墨莲"之称。

孙裴谷(1892—1945),揭阳榕城人,近代著名画家,岭东画派的奠基者。自幼拜林亦华为师,学习国画,后又拜林伯虔、郑德初为师学习书法、篆刻等。1913至1924年,任教新加坡华侨学校。归国后,在汕头开设裴谷山人画室,1931年与友人组织艺涛画社,编印《岭东名画集》等。1936至1944年任教韩师,出版《抗日宣传画册》2集。孙裴谷多年任教潮汕各地,培养了如刘昌潮、罗铭、王兰若、邱及、孙文斌等诸多优秀弟子。

刘昌潮(1907—1999),揭阳桂林乡人。1927年入上海美专艺术教育系读书,1930年毕业。1931至1934任教泰国曼谷的华侨学校。1934年归国后任教汕头、揭阳、普宁等地,1942至1949任教韩师。中华人民共和国成立后,任教汕头、揭阳等地。曾担任广东省政协委员、汕头画院院长等职。擅长山水、花卉,所画竹子尤具个人风格,时人誉为"昌潮竹"。刘昌潮是"岭东画风"形成和发展的领军人物之一。

附二:韩师毕业的著名校友

李开麟(1908—1995),潮安磷溪镇仙美村人。1921—1926年就读于省立第二师范学校五年制师范完全科,美术启蒙老师为王显诏。1928年入上海新华艺校读书,1932年在韩师附小任教。1935年入上海美专中国画系,1937年毕业留校任教,作品《荷花》入选全国美展。抗战爆发,辗转在潮汕各地任教。1949年后曾在潮安四中、广东省潮剧院、汕头画院等单位工作。李开麟国画作品以大写意花鸟成就最高,尤其是荷花独树一帜,笔名"藕堂"。其个人作品集《李开麟国画集》,1994年由汕头大学出版社出版。

苏乾英(1910—1996),潮安磷溪人,复旦大学中文系教授。1926—1929年就读于省立第二师范学校乡村师范科,1930年考入上海暨南大学历史系,1934年毕业后留校任教,1952年院系调整进入复旦大学工作直至退休。主要研究领域为中国海外交通史,尤其是南洋研究。苏乾英就读韩师时即喜欢国画,与老师王显诏关系密切,毕业后仍保持紧密的通讯联系。在暨大工作后,又拜著名国画大师黄宾虹为师,学习国画艺术,同时与徐悲鸿、陆俨少、马叙伦、龙榆生等书画名家或社会名流交往颇多,诗书俱佳,喜收藏。朱东润先生说:"老苏虽称不上书法家,但可以称书道家。"

洪藏(1913—2004),普宁里湖镇庵埔村人。曾任中国电影家协会书记处书记、常务理事。1929—1931年就读于省立第二师范学校图工乐体科,后考入上海美术专科学校西画系,1935年毕业。1938年参加新四军,进抗日军政大学,任华中鲁迅艺术学院美术系教授。抗战胜利后调任东北画报社副社长、西满画报社社长。1948年冬随第四野战军南下,创办《天津画报》《武汉画报》等。1949作为军管代表接管广州美术学院。1950年任中南区电影发行公司经理,中国电影发行放映公司副经理、代经理,人民美术出版社副社长,文化部电影局副局长兼中国电影发行放映公司经理、党委书记。

方若琪(1916—2004),惠来人。1931—1934年就读于省立第二师范学校乡村师范科,美术启蒙老师为王显诏。1936年考入上海美术专科学校中国画科,1937年,因抗战爆发终止学业返乡,1941年重回上海美专继续学业。在上海求学期间,受吴昌硕、赵之谦、任颐,以及恩师潘天寿、王个簃等人的影响,得海上画派精髓。毕业后任教家乡惠来中学,1950年任教汕头第一中学,作品《荷花》入选第一届全国美展。1956年任教韩山师范专科学校中文科,1981年退休。1996年,其个人作品集《当代画家作品集·方若琪》由北京朝华出版社出版。

陈复礼(1916—2018),潮安人,世界著名摄影大师。1931—1934年就读于省立第二师范学校乡村师范科。毕业后赴东南亚谋生,先后侨居泰国、柬埔寨、越南等地,1955年迁居香港。1958年创立香港中华摄影学会,1979年当选全国政协委员,历任全国文联委员,中国摄影家协会副主席、顾问,世界华人摄影学会名誉会长,香港中华摄影学会永远名誉会长。就读韩师时,陈复礼就以主持班级墙报《春耕》、年级墙报《韩江潮》而为同学们所佩服,美术老师王显诏也公开表扬过陈复礼的绘画才能。

陈其铨(1917—2003),丰顺县潘田镇人,著名书法家。1931—1934年就读于省立第二师范学校乡村师范科。陈其铨自幼喜爱书法,进入韩师以后,受詹安泰、王显诏等老师启发,书法技艺突飞猛进。抗战期间进入军界,1949年去台湾后转入政界。退休后创办了台湾中华弘道书学会,任永久会长。历任台湾中国书法学会理事长、台湾美展书法评议委员、文艺奖书法评审委员。

柳青(1920—),字思燕,出生于新加坡,幼年随父母回国定居潮州。著名画家,中国美术家协会会员,重庆市文史研究馆馆员。1935—1938年在省立韩山师范学校就读,受著名画家孙裴谷影响,走上专业画家道路。抗战时期,在大后方从事宣传工作。曾在著名教育家陶行知先生创办的重庆育才学校专科部美术组任主任,1949年后任重庆美协执行委员。重庆出版社出版有其《柳青国画集》《柳青画集》等作品。

附三:民国时期执教韩师的美术教师一览表

姓名	毕业院校	任教时间	所授课程
林柱臣	?	1914.8—1917.8	图画、手工
卢鸿恕	?	1915.8—1917.8	图画、音乐
谢贤明	广东高等师范学校	1917.8—1931.8	图画、博物
陈起强	?	1922.8—1925.8	图画、手工
王显诏	上海大学美术科	1923.8—1952.8	图画、乐歌、文史
方书洲	上海艺术师范学校	1924.4—1927.8	手工、图画
陈礼像	上海艺术大学图音科 东方艺术专门西画科	1925.8—1931.8	西画
刘先德	上海新华艺术大学艺术教育系	1929.8—1931.8	图画、手工
曾幻一	上海新华艺术大学	1931.8—1933.8	图画、手工
谢海若	上海美专暑期进修班	1932.9—?	木刻
黄家泽	上海美专	1933.8—1949.8	美术、劳作
陈文希	上海新华艺术大学	1934.9—1937.1	图画、工艺
李君可	上海美专肄业	1936.0—1938.7	图画
孙裴谷	新加坡哦哋美术学院	1936.9—1944.8	图画
刘昌潮	上海美专	1942.8—1949.12	图画

诗书画论意纵横——记岭东美术名家王显诏先生

张玉金

1923年(癸亥)7月1日,王显诏先生22岁,上海大学举行隆重欢送会,先生作为毕业生代表致谢词。本年度为上海大学美术科图音组第一届毕业生,共12名。8月,王显诏回潮州任广东省立第二师范学校(韩山师范学校)美术、音乐和文史课教师,直至1952年退休。时光荏苒,百年已过,2023年(癸卯)夏,作为韩山师范学院美术教育后侪在此品评美术教育前辈王显诏先生,颇与当年先生应邀为《艺风》杂志写评论稿件一样,诚惶诚恐,未免有些不自然,如何担当得起呢?作为韩山师范学院美术教育者,偶尔曾为画界朋友以及学生写过评论,但针对百年前名满粤东的美术前辈加以品评,还是第一回;好在自己已经年过半百,对艺术的认知和先生当年青春年少略有不同,心境也不为世俗所动,故可以真实写出一点自己对先生其画其人的感受。限于资料及画作图片的匮乏,仅就先生早期绘画作品之特点以及先生逐渐步入中年后对中西绘画理论的部分独到见解加以回顾,以期对今天的读者有所启迪。

先生诗、书、画、论皆善,如果以其取得的成就而论,在笔者看来,当然是一家之言。我认为先生诗词格调高古,又不远生活与自然,当以诗词第一,章草书法第二;绘画因为用笔用墨始终未得古法,除早年参加全国美展之际构图形式在传统基础之上有所突破,对后学具有启发意义,然后期美术作品并没有从传统中走出来。从其己卯年创作的《二辟山庄图》来看,其山水画尚未脱离传统程式,笔墨比之参加第一届全国美术展览会时期弱了很多,那种年轻人的泼辣劲已经失去,这也许是他成名早抑或在上国作品,实际上对于本国,是没有多大的裨益,而于外国人,也不需多此一个假装的儿子。

廿五年双十于潮州韩山书院

原载《中国美术会季刊》第 1 卷第 3 期,1936 年 9 月
又载于《韩师周刊》第 3 卷第 17 期,1937 年

(2) 艺术具有的民族属性没有贵贱高低先进与落后。

一个民族有它的民族性,故此,它所表现出来的艺术品,便富含着它的民族的本质。我们中国,科学方面,虽然很落后,可是它的艺术的程度,却比其他的任何国族来得高超;这是为着爱美是天所赋予人们的本能,而且人类是富有情感的动物,于是也有美的发表的需要;只是为着材料的不同,而有各种艺术品类的差异罢了。我们中国的绘画、文学,等等,积下数千年,一向都有不断的进展和转变;而且自己有自己的面目,自己有自己的独特的民族本质,即当代的西洋画家对于我们中国的前途绘画,也渐渐注意而羡慕着了!

可是西洋的名画家羡慕我们中国的绘画,只是要利用去充实他们的营养,并非要来抄袭我们的画去作他们像三合土般地参合。不像我们一般创新国画的画家,只知抄袭了一些日本绘画或其他民族的绘画,而自命为新中国画以自豪。其实这类的绘画,委实已经变性,已经失掉民族的本质了!比方有一个中国人,穿了一套洋服,再着了一对日本屐,然后加上了一顶自己的瓜皮帽子,于是便向人家说:"这是中国的新装束啊!"大家相信不相信?

我的意思:以为世界上的任何民族的艺术品,大自然……以至于一切,如果可以充实我们国画的营养的,我们无妨尽量地采纳;只要适合我们的身体,而能够消化,以增加我们表现有民族本质的艺术的力量就够了。那些东拉西扯的勉强凑合的作品,实在已失去中国绘画的风格和民族的本质呵!

《参观黄展应有的认识》,原载《中山日报》1937 年 2 月 6 日

海美专未经名师指导所致,故画列第三,画论其四也。

无论是谈潮州美术史还是广东第二师范学校乃至今天的韩山师范学院美术教育史,王显诏都是绕不开的一位名家。作为教师,先生在中外美术史、论等方面均有着较为清晰的认知;而作为画家,因为他将大量时间都奉献在教书育人方面,虽然在美术创新理论方面有着超脱时代的认知,但其创作并没有完全形成自己独特的风格,依然是走在传统迈向新时代的路上。其在美术理论关于绘画创新层面,以及绘画的民族属性与东西方美术作品的本体认知方面,都具有着明晰的认知。再加上其有着很好的国学功底,因此能够成为艺术评论名家乃理所当然之事。

从先生1930年发表于《二师月刊》的《参观第一次全国美术展览会记略》来看,其时先生虽然未至而立之年,但对中国画创新与自己状态和当时所处的社会文化语境已有自己清醒的认知。正因为如此,其5幅参展作品在构图形式方面有着东西结合的影子,体现了打破传统程式化构图的大胆想法,因而得到评委会认可。正如陈小蝶所评论的,王显诏参展的5幅作品,宛如石田……布局敷色……力之伟岸,一望知为美专画派。吾侪检画之时,赞赏此作,不觉同声称绝。然则美专派,亦自有价值,但不免使复古之徒,错愕相顾耳——从陈小蝶的评语可见,在20世纪20年代,王显诏的绘画风格已经具有了打破传统寻求创新的形式,这也是上海美专一贯的校风影响所致,其弊端就是缺乏杭州艺专(中国美术学院)的传统笔墨锤炼。先生能够与当时一众名家共展,恰恰是其敢于大胆泼辣构图创新所致。还有就是先生本身具有潮人的聪慧,在第一次与国内众多名家一起,如吴湖帆、贺天健、林风眠、张大千、齐白石等共展之际,把握机会恳请诸多名家为其写评语并订作品润格,为其日后名满广东进而享誉全国打下了基础。这从另一侧面也证明了先生具备一位比较活跃的美术评论家的先天禀赋。

王显诏之画作,分析其5幅入展作品可管中窥豹。其以传统水墨入画,画面多以中国画平远透视为主,但打破传统丈山尺树之比例,以西画透视之近大远小安排树木景物,甚至有些夸张,这在清末四王山水程式之语境下的确具有突破之魄力。《韩山红棉图》《韩祠橡木》两幅都是以两棵高大挺拔、顶天立地的大树为支撑画面结构的框架,背景中之传统山水反而成了点缀。其用笔虽然不见干裂如秋风却有润含春雨的枯渴笔之老辣线条,贵在大胆书写。《湘子江城》整幅以竖式"Z"字形构图,下部为几棵传统丛树掩映下之潮州古城民居。用湘子桥斜上近大远小之夸张突出推向远处,连接几乎虚幻的村落。韩江大面积留白和近景古城之实形成对比。此作构图新颖,但过于强调近大远小,西画的构图法则弱化了中国山水画的冲击力。《双旌飞瀑》整体构图在透视上有着很多不合理成分,瀑布落下又叠起来本为传统瀑布三叠法,但强行折回,一条路近处宽远处窄,一通到底,太过西方绘画的直白,如广场大路一直看到远处。这明显违反了王维《山水诀》中所言中国山水画布置路看两头,其间多处曲折遮掩,这就是中国画藏露之美学思想。

就王显诏的诗、书、画、论而言,更有价值的是其各个时期的绘画理论和评论。先生从艺术作品的民族属性到艺术情感与宗教,再到艺术品之科学区别,都有比较清晰的认知,对于后学具有重要的启迪意义。

新文化运动之后,国内部分名士到欧美转了一圈,回来后就有中国画衰败之极矣、不科学之说。从以下王显诏之论,可以清晰地看出其对于艺术与科学、艺术之民族属性有着非常清晰明确的认知。

(1) 艺术原来和科学是没有多大关系的,科学进步的民族,固然也有它的艺术,而它的物质生活的享乐,当然比较地舒适。艺术进步的民族,它的物质生活如何,姑且不论,而它的精神生活,当然是绝对地向上的。因此:"科学进步的民族,其艺术程度,未必跟着而高超;科学落后的民族,其艺术程度,未必跟着而低下。"

《艺术的民族本质》,廿六年元旦写于潮州

原载《中国美术会季刊》第1卷第4期,1937年1月

又载于《韩师周刊》第3卷第26期,1937年5月10日

(2) 作品的产生,都是当作家临着各种对象的时候,便由对象引起了我们的精神活动而发生了无限的热情,这热情接续不断地渐渐达到焦点,于是乎生命之火燃烧着了;那时候,便不得不用他的工具,把他的生命和

感情,完全地表白出来;在这刹那间,那里能够计虑到什么色彩学、透视学和解剖学等等的身上去呢!不过因为作家平日的脑海中,已经有了种种的物象潜在,故此所表现的艺术品,不免带有些物象的形色罢了。——物象不物象,完全不成问题。——陈简斋有首诗说:"朝来庭树有鸣禽,红绿扶春上远林。忽有好诗生眼底,安排句法已难寻。"也便是这样的意思。中国向来也有不少的聪明人,只是我们懒得去探讨。再记得还有一首题画诗,仿佛是何子贞做的:"一叶大于人,一鹤高于屋;画神不画理,神到理自足。"这何曾不是说:中国画是重在精神的表现,脱略科学上的方法呢!

(3)写实与传神:

艺术是人类的本能,于是不论文明的国家、野蛮的国家,都具有本来艺术的特色,即原始的人类和呱呱的孩童,也有其天赋的艺术性。就绘画一种来说,中间已经历过了很长的时间,经过了无数回创新,到了现在,西洋友邦,才渐渐地认识到东方——我国(自称愧)——绘画的好处。因为西洋的绘画,多数是向着对象忠实地描写甚且用了许多科学的方法,如色彩学、透视学、解剖学等等作根据乎把绘画完全建筑在科学上面;科学之极,于是乎不免得到枯燥之近来画家,才感到由精神情感方面的表现来得更自由有趣,而我国画,一来便注重精神和情感的描写,因此便不得不渐渐地倾向我国绘画上来了。

廿三,七,廿一,于

原载《艺风》第2卷第9期,1934年

对于怎样借鉴西方艺术营养、创新艺术途径,王显诏先生也有着明确的认知。他说:

(1)艺术是时代的产物,是民族的反映;于是乎各样的艺术作品,含有时代的民族本质,才能得到相当的价值。即以中国人而学其他的绘画,虽然是用了外国的材料或方法做成,其内含也要有极充分的民族本质,才是中国人的作品。不然,中国多了一个外国人,多了几分析上引这些简短的章节,可知王显诏先生美术理论功力扎实、学养深厚,对于东西方绘画以及当时社会,均有着自我独立的见解。

张玉金癸卯端午于水岚园卧石斋

王显诏年谱简编

叶天津编　孔令彬补正

1902 年(壬寅)　1 岁

2 月 26 日(正月初九),先生生于广东省潮州市西马路 89 号王氏祖宅,原名观宝。其祖父王洪,字文命,号春瀚,清末潮州著名收藏家,精鉴赏,善书法。曾任高要县儒学训导,于清末逝世。父王其敬,任潮州城德巷邹厝祠小学教师。

1907 年(丁未)　6 岁

父王其敬病逝,先生家道中落。

1911 年(辛亥)　10 岁

先生进潮州城南小学读书。

1917 年(丁巳)　16 岁

先生受王氏长老赏识,借贷宗族公款,往广州潮州旅省中学就读。后来,征得校方同意,走读于上海私立东南高等专科师范学校(该校于 1922 年 10 月改名上海大学,于右任任校长)。

1919 年(己未)　18 岁

4 月 29 日,先生在校长杜兰带领下集体前往黄花岗拜祭烈士英灵。

8 月,先生于广州旅省中学毕业,正式就读于上海大学美术科。在校期间,刘海粟以其《山野速写》馈赠先生。先生也创作有油画《湘桥》等。

1923 年（癸亥） 22 岁

7月1日,上海大学举行隆重欢送会,先生作为毕业生代表致谢词。8日学校又举行了辞别会。本年度为上海大学美术科图音组第一届毕业生,共12名。

8月,回潮州任广东省立韩山师范学校美术、音乐和文史课教师,期间还兼课于广东省立金山中学,直至1952年退休。

1924 年（甲子） 23 岁

7月,学校举办22周年纪念大会,先生参与其中,并撰写了文章。

1925 年（乙丑） 24 岁

7月,广州国画研究会成立,先生被邀参加。

1926 年（丙寅） 25 岁

先生文章《广东第二师范廿二周年纪念成绩展览会的感想》发表在上海《新艺术》第1卷第9期。

1927 年（丁卯） 26 岁

6月,与詹安泰先生一起接受创作新校歌的任务,先生负责谱曲。

本年秋,先生开始兼任省立第四中学音乐、图画教员。

先生同潮州书画家李穆甫之女李郁贞女士结婚。

1928 年（戊辰） 27 岁

3月,先生与詹安泰共同为韩师撰制的新校歌成,詹安泰词,先生曲。

10月,撰《艺术谈概》一文（未完成）。

作油画《江边写生》《湘桥》等。

长子王诚壹出生。

1929年（己巳）　28岁

4月，先生的国画《潮州胜景》等5帧入选在上海举办的"第一次全国美术展览会"。名画家陈小蝶、哈少甫和王一亭等见之赞曰："此今之石田也!"并为之订作品润例："整幅三尺十八元，四尺廿四元……"陈小蝶为《王显诏山水润例》作序。

《艺术谈概》发表于《二师月刊》创刊号。

4月25日，先生以入选者的身份被特邀抵沪参观"第一次全国美术展览会"。

11月，在《二师月刊》（二师即韩师，下同）第3、4期合刊发表《本校廿七周年纪念会中艺术展览的意义》，倡导："我们不甘自居艺术之宫、象牙之塔，我们都要跑到十字街头，去和群众携手，努力！努力！"

作品《阿里悬桥》参加第5回中日绘画联合展览会（上海）。

1930年（庚午）　29岁

元月，为饶锷作《米友石研山歌》。

元月，在《二师月刊》第5、6期合刊上发表《参观第一次全国美术展览会纪略》一文，记述1929年4月10至30日在上海南市新普育堂会场举办的首届全国美展盛况："……分书画、金石、西画、雕塑、建筑、工艺美术、美术摄影等共七部。"

7月，于右任和吴湖帆分别题签的《王显诏山水册第一集》由西泠印社、神州国光社、有正书局和文明书局联合在上海出版，名流题咏达百余人。

胡汉民为《王显诏山水册第一集》题词："山水之间，于斯为美。十九年胡汉民集字。"

赵云壑咏赞："莽莽乾坤万劫尘，云山笔下自生春。丹青超出前贤法，欣赏长留艺苑珍。显公笔墨，气壮雄浑，略似柴丈人遗法，随笔挥洒，自能成章，殊有得心应手之妙。读毕并题，庚午中秋，赵云壑，时客沪。"

同年，先生作品《八哥》和《行书》条幅在英国伦敦"国际博览会"参展。

次子王诚豪出生。

1931 年(辛未)　30 岁

1月,《湖社月刊》第38期刊发先生诗6首,以《缵槐堂题画诗钞》为总题,此后各期续登。

2月,《王显诏山水册第一集》再版。

是年暑期,往台湾参加书画会展出。后又书《台友竹坡、君木二君来游韩山,出箑嘱书,即成一绝以赠》一诗。

年底为湖北水灾急赈会驻沪筹赈办事处捐赠书画作品3幅。

汕头艺涛画社成立,先生成为画社的常客。

1932 年(壬申)　31 岁

先生继续在《湖社月刊》发表诗作。

先生将所居宅名为"仙街头居易居",自号"居易居主"。

刘海粟为《王显诏山水册第一集》题词:"显诏画风在艺术上卓然舒其南人淡泊之特征,此艺人之高洁,实有伟大之使命。建国二十一年大暑,刘海粟。"

与邑人石铭吾、饶纯盦、杨光祖等创立"壬社",作《初结"壬社"雅集莼园赋呈同社诸子》《韩江楼题壁》等诗。

为吴维科作《行书》四条幅。

1933 年(癸酉)　32 岁

《二师周刊》第61、62、63、64期连载先生应《艺风》杂志主编孙福熙特约稿《批评应有的态度和国画的创新》一文。

3月,先生旅港、穗多日,作《岭南游草》,有《过培道园》《贻铁禅上人》《廿二年三月三日夜看大观剧社演〈心声泪影〉赠雪梅》等诗。

王树楠、柏文蔚、杨寿昌、董修甲等名流为《王显诏山水册第一集》题词。

12月,为潮州开元寺岭东佛学院复办的半月刊《人海灯》杂志题写刊名。

部分作品由刘海粟等携出国到欧洲日内瓦、柏林等地参加巡回展览。

评论纪念文章　185

1934 年（甲戌）　33 岁

1月，国风出版社《采风》发表先生《题画赠谢无量》诗。

端午，先生作山水《山色空濛》赠王毅君。

撰写《批评者应有的态度和国画创新》，发表在《艺风》1934 年第 9 期。该文又在《二师周刊》第 61 至 64 期上连载。

1935 年（乙亥）　34 岁

4月，学校更名为省立韩山师范学校。

先生补题长卷《山水》于韩山思赵轩，有"最爱长洲沈石叟，画沙屈铁古今殊。松煤茧纸明窗里，貌取千山得似无"诗句。

为苏乾英作《韩祠图》并题诗一首。

秋，先生以《玉兰花》等作品参加在南京举办的中国美术会第三届美术展览会。

本年有周作人、马叙伦、林风眠、钱钟书、王治心、王正廷等名流为《王显诏山水册第一集》题语。

本年，先生被推荐加入中国美术会，成为会员之一。

1936 年（丙子）　35 岁

先生在《中国美术会季刊》创刊号发表论文《美的人生》；在该刊第 2 期发表《记王教务的努力与美的关系》；第 3 期发表《国画创新应取的途径》。并于各期发表《题画诗草》10 余首。

春，以《荒江系艇》《青绿山水》《水墨山水》《水墨花鸟》4 幅国画作品参加在南京举办的中国美术会第四届美术展览会。

夏，书倪瓒《鹤溪诗》赠世强老棣。

秋，以国画《水墨山水》《青绿山水》与行书书法一幅参加在南京举办的中国美术会第五届美术展览会。

《艺文》第 1 卷第 6 期发表《岭南游草》组诗。

于韩山思赵轩作《兰石图》赠少岩仁兄。

《录蔷薇诗》赠胡镇福。

詹安泰作《鹧鸪天》词,题王显诏画册。

8月,余建中为先生《王显诏先生法绘诗词集钞》题签。

1937年(丁丑)　36岁

春,国画《柳鸦》及书法作品一幅入选第二届全国美展(南京)。《柳鸦》售价200元,为其中佼佼者。

5月,《王显诏先生法绘诗词集钞》在汕头自强印务局刊刻。书分"诗词之部""跋语之部""断句之部",共收80余人之题词。

先生在《中国美术会季刊》第4期发表《艺术的民族本质》一文。

夏,书居巢《兰花》诗一幅赠诗英老棣。

在抗日救国运动中,先生带领韩师、金中师生走上街头宣传抗日救国,教唱《义勇军进行曲》和《大刀进行曲》等抗战歌曲。

9月,因日寇轰炸,移家避地意溪数月。

1938年(戊寅)　37岁

春,孙裴谷作《柳絮燕子图》相赠。

赠吴维科《双清梅竹图》。

夏,临《张迁碑》赠振海仁棣。

6月,画扇面《荷花芦苇》赠毓青仁兄。

以《水墨山水》《松风图》等多幅作品参展并为广东国防公债募捐。

秋,与黄家泽、吴维科等创办"义安艺术学校"。

暮秋,得贺秋碧《凤凰台上忆吹箫》词,戏作《孤灯参照图》,钤"韩山山民"印章。

10月,草书顾炎武《酬朱监纪四辅》诗一幅。

1939年(己卯)　38岁

录太白古风诗,画《荷花芦苇》。

春,作《白梅》《藤花》和《柳堤》《离恨图》等赠胡镇福;书陈勒生诗一幅赠伟琳仁兄;为大风社画红棉并题诗3首;为磐安仁兄画《雪梅图》。

评论纪念文章　187

作《移家避难图》,时在潮州沦陷后 5 日。

6 月 27 日,潮州城沦陷。先生挈家室到潮安县坪埔村避乱。几个月后,又搬家至潮州凤凰乡避难,自己则仍到古沟授课。命名凤凰乡住宅为"二辟山庄",作山水画《二辟山庄图》。

此后,先生改字为王严,为夫人李郁贞改字李正,合即"严正"。在家中所用折扇,上书"驱除日寇,复兴中华"8 字。

在一幅画上题诗:"苍茫大地供舒眼,寂寞河山合赋诗。珍重故人相问讯,白云红树实离离。"

秋,作《牡丹》赠在渊仁兄,作《荷花芦苇》并录太白古风诗赠箕裘仁兄。

年底,先生之《古沟印存》成谱。时因战乱,作者避难于古沟,故名。

1940 年(庚辰)　39 岁

春,省立金山中学在凤凰乡复学,先生继续为之兼课。作诗送别好友丘玉麟。

秋,作《黄山终老图》并题诗一首,为揭阳姚秋园 70 寿。

倡导成立"诗巢"诗社,诗社成员有许伟余、蔡起贤等。有《古沟吟草》系列诗作发表于《韩山半月刊》,后又多发表于许心影主编的《岭海诗流》。

1941 年(辛巳)　40 岁

姚秋园赠先生《浙江山水影片题咏》20 页,并评云:"山人诗、书、画及篆刻皆精,绝无俗习。不意吾乡有此高士,恨相遇晚也……"

作山水条幅,落款"辛巳端午题赠孙文赋"。

詹安泰作《减字木兰花·题王显诏造像》。

1942 年(壬午)　41 岁

春,章草书写许心影《满江红》词作一幅。

作山水画《天赐碧瑶屏》。

作山水画《吟月图》并诗,其中有"岂无对影千杯药,渐散荒怀万里愁"句。

组织、参加韩师图画比赛,题材有"抗战画""莫忘敌人在潮汕的暴行""坚定抗战信心,迎接最后胜利!"等。

詹安泰作《显诏为余制〈潄宋室填词图〉,漫题一解》。

1943年(癸未)　42岁

3月,先生将所作《游踪纪略》山水册页并题记赠王少兰。

为蔡起贤作《呼龙耕烟填词图》,蔡起贤以《高阳台》(向王显诏先生乞画《呼龙耕烟填词图》)词纪之,詹安泰、饶宗颐皆有相关诗作。

7月,为有之老弟题写书斋名"闲读金石文字之斋"。

1944年(甲申)　43岁

10月,战事紧张,揭阳、古沟先后沦陷,先生辗转汤坑、丰顺、留隍、凤凰避难。

1945年(乙酉)　44岁

2月,经长途跋涉抵达揭西灰寨,继续就韩师讲席。

春,作《竹石图》于来碧轩。

6月,先生用梦窗词意作《荷塘翠鸟》;用秦友士词意作《桃花双燕》。又作《花蝶》《桂花》和《秋菊石》《桃花飞燕》《荷花芦苇》等。

8月15日,侵潮日军宣告投降。先生改字为"克",为夫人李郁贞改字李复,合即"克复"。先生举家迁回潮州,寄住妻家北门金城巷底燕窠春山别墅。作《劫后回郡赋示诸儿》等诗。

作山水画《欲访春消息》。为吴少棠治印一枚,庆祝抗战胜利。

冬,为《陈文子印谱》题词。以袁尚统《题枯林寒棹图》诗作《雪景图》。

揭阳曼石辑先生印谱成《王显诏铁笔》,邱汝滨为题诗一首。

先生辑自刻印谱成《篆刻留痕图》一册。

1946 年（丙戌）　45 岁

春，先生随韩师迁回潮州韩山原址。

作《松竹梅》，并赋七绝，有句"羡你山中相守共"。

作山水《寂寞亭基》赠盖斋。

作山水《画里青山照白发》赠胡镇福。

作山水《古树苍蓊》《五月山林图》《崇山峻岭图》以及《古树思乡图》《竹石图》《松竹》《松梅竹》《泼墨兰花》等。

夏，以陆游五绝诗作《秋山草亭图》。

秋，先生在汕头举办个人美展。

12 月 24 日，先生出发往泰国、新加坡、马来西亚等地进行艺术活动。

1947 年（丁亥）　46 岁

1 月 12 日，汕头《大光报》第四版刊发先生国画《韩江红棉图》及介绍，28 日刊发先生国画《涸溪宝塔》。

从 1 月开始，先生在东南亚各地举办个人画展及讲学。

7 月，起程回国，途中所乘"丰庆"号洋轮触礁失事，为救妇孺，先生让她们先上救生艇，自己最后才脱险。故所携书画、财物失散殆尽。

8 月，由金山麓燕窠春山别墅迁至义安路 148 号缵槐堂定居。

秋，作扇面《竹菊》《山水》赠洪启明。

12 月 4 日，为潮州明代尚书黄锦所传草书条幅《寒雨连江夜入吴》题识。

1948 年（戊子）　47 岁

先生得到文天祥诗卷真迹一幅，并治印"宝文斋"一枚以示珍重。

1949 年（己丑）　48 岁

秋，行草书写先贤列传《郑润传》。

10 月 23 日，潮州解放。

作《云山远岫图》；作扇面《墨竹》赠芳正二兄；作扇面《章草》赠翁

宋星。

1950年（庚寅） 49岁

为友人所藏先生旧作《苍茫大地供舒眼》（1939年）补题："今日河山成锦绣，锦绣河山合赋诗。"

当选为潮汕文联筹备委员。

是年7月至1966年当选为历届潮安县、潮州市、潮州镇人民委员、人民代表和政协委员。

1952年（壬辰） 51岁

因病提前退休。

夏，将收藏的《沈石田揽胜长卷》转赠康晓峰；并为康晓峰所藏《天赐碧瑶屏》补题。

1954年（甲午） 53岁

在潮州开元寺举办的首次潮州市美术展览上，作《潮州修堤图》并题款："旧的挖了，新的正在赶填着。"

应开元寺主持释纯信所嘱，作意笔《竹石》轴赠开元寺。

9月10日，为开元寺所集宗教画像、雕塑、建筑图册作序。

1955年（乙未） 54岁

3月，先生在潮州市第一届人民代表大会第三次会议上发言。

6月，为清代乾隆年间潮州画家余颖所绘《倒骑驴》题识。

先生把其收藏的文天祥真迹捐赠给广东省博物馆。

1956年（丙申） 55岁

先生所作《芭蕉图》参加第二届全国国画展览会，后又选送日本展出。

3月，先生当选为广东省美术家协会广州分会第一批委员。

9月，在《美术》发表《是特地印出来给读者讨论的》的评论。

先生向中国国家博物馆捐赠自己收藏的部分古书画。

1957年（丁酉）　56岁

中国美术家协会广州分会改名为中国美术家协会广东分会,先生任理事。

6月,当选为政协潮州市第二届常务委员。

10月,任潮州市第二届人民代表大会第二次会议提案审查委员会委员。

为黄孝仁作花鸟画册页《红梅》。

1958年（戊戌）　57岁

是年至1961年夏,先生任潮州市工人艺术学校主讲老师。

作《潮安华侨瓷厂》《引韩灌溉》和《改建湘桥》等,参加在东门城楼举办的潮安县美术展览。

1959年（己亥）　58岁

春,先生为陈望、肖士熙、杨思园合作的《秋趣》条幅题款:"亦放晚香,志我们年纪老了一些的人,也要迎头赶上。"

6月,为清代乾隆进士詹肯构行书《白乐天》条幅题识。

8月,《农械厂车间》《湘桥速写》《凤凰楼居》《古塔凤台》《西湖渔筏》《兰竹》和与郑树楠合作的《凤凰工地》《锁江引韩》参加汕头专区绘画美术工艺展览。

10月,当选为政协潮安县第二届常务委员。

1960年（庚子）　59岁

7月,先生当选为潮安县文学艺术界联合会副主席、广东省文联委员。

1961年（辛丑）　60岁

为林悟因所藏行书条幅题识。

6月,作《挽石铭吾先生》诗一首并挽联一副。

7月,《凤凰时雨》画并诗参加汕头专区美术展览。

1962年(壬寅)　61岁

《百花吾有分》《山水》《水墨竹》参加1962年元旦潮安美术作品展览,夫人李郁贞也作工笔山水《湘子桥》参展。

秋,《兰竹》《松》《莲》《略似石田》及与郑树楠合作之《凤凰工地》《大好河山一样娇》《莲花峰》参加潮安县美术展览,夫人李郁贞画作《建桥》《村居》也参展。

与佃介眉等一起参加由汕头专区文联主办的"汕头专区十七位老国画家画展"。

1963年(癸卯)　62岁

2月,以《让我们更高地举起毛主席的文艺思想红旗,奋勇前进!》为题在潮安县第四届人民代表大会第二次会议上发言。

7月,当选为广东省第三届人民代表。

7月,以《跟着大家前进更前进》为题在潮安县第五届人民代表大会第一次会议上发言。

同佃介眉、柯晓山在潮安县文化馆合作山水画;同陈修龄合作《花蝶》等作品。

《三月红》参加汕头专区支援农业美术作品展览。

同来潮州深入生活的中国画家唐云、钱松嵒、应野平、赖少其、关山月、黄独峰等合作多幅画作。

作《竹石图》并题"天津同学看之"赠叶天津。

1964年(甲辰)　63岁

《烈士殉难处》参加潮安县军民美术展览。

为庆祝建国十五周年作墨竹《猗与盛哉》。

作《雨竹》赠刘大铭。作《墨竹》赠郑树楠。

评论纪念文章　193

1965 年（乙巳）　64 岁

孟春，为慧原法师所著《潮州开元寺志》题写书名，款署"显诏王克"。

作《漪漪》，题"天津老棣清赏"。

1966 年（丙午）　65 岁

2月，在潮安县第五届人民代表大会第三次会议上发言，总结潮州美术活动及抗美援越情况。

下半年，居家遭红卫兵冲击，其书画、收藏文物被查抄。

1972 年（壬子）　71 岁

以《枇杷》《竹》参加潮安县纪念"五·二三"美术作品展览。

为丘金锋所绘山水册题："吸收精华"。

1973 年（癸丑）　72 岁

8月6日，先生因病逝世，享年71岁又6个月。

1981 年

元旦，由潮州市文联举办的《王显诏佃介眉遗作展览》在潮城东门楼展出，丘金峰为写前言。

2002 年

得父辈与朋友帮助，王刚、王星主编的《纪念王显诏先生诞辰一百周年》一书由香港天马图书有限公司出版发行。

2014 年

王刚、王星主编的《王显诏书画选集》由西泠印社出版发行，饶宗颐先生题写书名。

附：画家陈文希部分民国文献

陈文希：寸感
陈文希：自白
倪贻德：介绍青年画家陈文希君
陈抱一：对于陈文希画展的感想
吴其敏：艺术及艺术家之种种——陈文希及其作品谈片
张一凡：题在文希个展之前
方永福：我对于画家陈文希先生的认识
黄泽浦：略论文希之创作
王隐：介绍陈文希先生画展
黄泽浦：文希之画
谢海若：画人行脚——送文希南游
黄勖吾：行矣文希！勉哉文希！

寸 感

陈文希

我与图画结缘已十余年。但因性质愚鲁,人事鞅掌,十余年的时间虽长,而成就依旧渺茫,说来实在惭愧万分!去夏复在师友的怂恿之下,于沪上作了一次个展(在沪展览作品一部分已由上海金城工艺社影印,即《陈文希画集》一二两辑)。

在十年的学画期间,开始,我亦脱不了专务模仿前人画稿的习惯;及后,我渐渐觉悟到模仿的工作不是一个真正艺人所可墨守的,而且在模仿的过程中,发觉了旧时代中国的"文人画"有许多弱点。于是我决定摒弃模仿,而走上创造之路,竭力摆脱成法的影响和束缚。因为我知道在流动不居的社会进化的途程中,一味模仿古人是不行的。社会既已进化到现代,艺术当然亦要跟着进化到现代;艺术如果不跟着时代前进,那它还有什么生命?什么价值?现代的精神是"力"和"创造",这种精神在我国旧时代文化中是很少见到的。中国文化一向总迷于好古,故步自封,汩没性灵,缺乏新鲜活跃表现自我的成分,所以中国的绘画史虽甚悠长,而杰作之产生却不多觏;这一点,亦是我觉得非超脱旧时代绘画的那种风格不可的原因。

其次,旧画还有一个弱点——薄弱空虚,这在现代艺术上是要不得的!因为内容空虚薄弱的艺术品,不但不能表现时代精神,且亦不适合时代的需要。艺术原负有表现人生、改造人生的任务,故违反时代精神及不适应时代需要的作品,当然有加以改造的必要。

因此,我于觉悟之余,一方面兼受了西洋绘画的影响,乃不自量力,思集合中西绘画之长而融冶之;数年来一本此念着意研求,成就虽极微小,但我的志念甚坚,今后仍旧要沿着这一条路探索下去,以期达于刚健充实之境域。

我自知:我的作品,在无论用笔、构图、内容各方面上,缺点必多,这次拿出来和大家见面,不过是本着"抛砖引玉"的意思。窃愿持以恒心和毅力努力习作,希望他日能为人类社会尽一点儿保留痕迹的义务,和给艺苑以些微的贡献。在这里我很诚意地祈求一切高明者,予以严厉的批评和教益。

《中山日报》1937年2月26日

自 白

陈文希

　　我与国画结缘已有十余年，但因天资愚鲁，人事鞅掌，十余年的时间虽长，而所成就的不过如此，说来实觉惭愧。我过去因师友的怂恿，曾先后在上海、广州、汕头举行过几次展览会，现再来榕城举行个展，以接受各界贤达的批评和指教。

　　在这十余年的学画过程中，我是中西画俱学的，开始的几年，少不免模仿前人的画稿，及后，我渐渐觉悟到模仿的工作，不是一个真正艺人所宜墨守的，于是我大胆地走向创作之路，采取中西画笔法之长，融会而贯通之，并且观察大自然的动态，一一透过我的笔尖而活现于纸上。

　　艺术是时代的产品，时代进化，艺术当然跟着进化。现代的精神是力与创造，我们当然不迷于好古故步自封，在旧画里兜圈子，而应该对中画从根救起来，对西画迎头赶上去，以达成改造人生、美化人生的任务。年来成就虽极有限，然此一信念则甚坚决，勇往地向前迈进。

　　抗战以还，海口被占，在物质极度缺乏之下，平时所用惯的笔墨色料多不易得到，我于是别出心裁，用土造纸料代替，而且用土纸画像，色彩缺乏时，则用黑白的对照法表出，这是变，艺人穷则变、变则通的道理。

　　我新近作品，虽较前进步，但仍不免有粗疏的弊病，在笔法在布局以至一切的内容，缺点必多，这次拿出来与大家见面，不过是抛砖引玉的意思，希望大家不吝教益，庶几个人知所改进，将来在艺术上有所成就，皆拜各位之赐了。

《岭东民国日报》1943年10月10日

艺术与时代使命——为纪念美术节而作

陈文希

艺术为人类精神生活表现之一面,其构成之要素不仅有色彩、状态与布局,且具有思想、情感与气力。换言之:色彩、状态与布局是艺术作品的形式,而思想、情感与气力则为其内容。形式之价值决定于艺人修养之工力,内容的价值则决于其意识状态。苟无充分的形式之美,而有深挚的内容,作品仍可具有存在之价值。若仅有形式而无内容,任何艺术均将成为废物。唯其有此种关系,所以艺术作风的生成不单有个人之生命体验,还要有时代社会之意义存在。因此,各时代各民族的艺术品往往可以象征那一时代、那一民族的精神状态。而艺术家苟要不负人生之意义、国民之天责,则势非能于其作品中表现现实、暗示未来不可,这就是所谓艺术的时代使命。

离开了时代而谈艺术价值,只有世纪末唯美主义者的文艺家最喜爱,但其实他们的作品本身已经就是一种现实。原来颓靡、浪漫乃是 19 世纪末叶欧洲社会一般的精神状态,唯美派的作品一面既集合此种时代精神的弱点,一面又极端表现出惝恍迷离于空前未遇的机械文明,因而感到格外无奈与困苦的该派作家畸形发泄的思想与幻觉。可知即使如何企图逃避现实,终归还是要依附现实才得存在的。所以舍去了时代社会似无艺术可言。而艺术之有无积极价值,便要看它能否担负起时代给予它的使命这一点上面了。

当前我国正继续着 6 年余来辛苦艰难的抗战,同样亦正进行着伟大的建国大业。这个时代的精神是力量、气节与刻苦努力,情调是活泼的、勇敢的、刺激的、理想的,艺术家生于今日,当然不能辞却这个时代所赋予他的使命,他亦要以其创造之力充分贡献于抗、建事业之上才可,否则,纵有努力,亦将日□□□□□。

何况一个民族或国家的向上绝对不是几百万大兵和飞机大炮就可以推动的,它更需要文化各部门齐头并进。无论科学亦好、文艺亦好,凡可以利用来启发民智、激发民情,帮助战斗、生产、建设等工具,一起都须谋其发扬光大。世界上未有无独立之文化而能存在的国族,犹似乎未有无独立之国家而有能独立表现之文化一样。民族的文化与国家往往是相依为命的。新中国的精神须要寄借一个新文化来表现,同样,新中华民族之文化亦非有一个新的国家来护卫不可。基于此种关系,我政府方特定3月25日为艺术节,用意无非欲借此以表示国家对艺术之重视,且号召全国艺术作家一致起来为重建大业而奋斗。

诚然,艺术之本质息息与人类的思想情绪相关,故其在人生所含的作用殊大;木偶图像在愚夫愚妇身上可成引发敬畏崇拜的作用,就是一个□□□□□□。尽管图像不一定件件都具有齐全的艺术价值,然而其相貌、状态、神情苟能引人发生感应联想,则其效用固已表见。高尚的艺术作品,往往可以不分阶层地给予人们以一种深刻的心理刺激。例如站在国父或总理的肖像之前,任何人便都有一种严肃敬畏的情绪发生,可知肖像的暗示之力甚大。惟其如此,所有政府要提倡艺术创作,希望凭艺术家的手来表扬这一时代中华民族醒觉、挣作、苦斗、追求的精神,从而以纯正高尚的暗示来洗刷人心旧积的渣滓,使能翻悟而进于新生之境界。

抗战以来,中国艺术家效力于国家者因已不少,许多关于宣传启发之工作,艺术家都曾贡献出很大的力量。现在胜利行将来临,建国事业正分头各谋开展,我们仍旧要以最大的热情来在自己的园地上配合民族的需要耕耘开拓。

为适应时代之需要,□□□□□□□后应该如何修养才好呢?就绘画这一部门讲,今后应用的题材应该以能提高精神、涵养德性、启发进步思想者为主,凡是以引起利欲、悲观、消沉之情感者宜绝对禁绝。在画面上,色彩与线条不单要求其调和精细,而且要求其新鲜有力。古人特有的优点我们固然要承继采纳,近代西洋的新学理亦要斟酌采用。要多求灵感于生生不息的自然界中,凡足以象征崇高、活跃、和谐、快乐、自由之景物都应尽量择取,反乎是则宜规避。

今天我们纪念美术节,作者谨以一小小艺人之身份,略抒感想如上。

《揭阳民国日报》1944年3月25日

介绍青年画家陈文希君

倪贻德

在两个月以前,由朋友的介绍,我认识了陈文希君。他最初就给我很好的印象,强健的体格和重厚的气质,一看就知道他是堪以胜任艺术这种艰巨工程的。由他的谈话,才知道他在 8 年以前,在上海受过美术的专门教育,毕业之后,就回到他的故乡——汕头,担任艺术教育的工作,趁这暑期之假,到上海来继续作技术上的探讨,同时想吸收一些现代艺术的思潮,以增厚自己制作上的力量。

这使我有些感觉到惊异,觉得在中国现在许多研究艺术的青年中,对于艺术具有强固的意志和丰富的热情的人,还不是绝对没有。常常看见许多美术青年,一出了学校之门,在社会上谋得了职业之后,只要能够把学生时代所习得的一些技术应用出来,便已经满足了;对于他以前所研究的,再不想作进一步的探讨,所以美术学校里的学生尽管一批一批的毕业出来,而能得成为有希望的作家的,却是很少很少。这固然因为中国社会环境的恶劣,而自己的没有持久的意志和丰富的热情,确是最大的原因。所以我觉得像陈君这样对于艺术富有研究的决心和兴趣的人,实在是很难得的。

接着我又看到他的作品,他的油画虽然还不能说是怎样完成的佳构,但我觉得比较些从外国回来在当着大教授的画家,恐怕还要胜过一点。色彩的明快和用笔的爽利,是他的特色,尤其对于构图方面,可以看出是经过一番思考的。不过我以为陈君还得再向"深"的方面去探求,除了对于画面上的量感、质感、定间感加以注意之外,还得顾到油画本身的趣味。

说到纯粹艺术,于形体、色彩、线条的画面构成要素之外,充分发挥材料的特质以求得特殊的效果,也是不可忽略的。

陈君对于国画也有研究的兴趣,他的国画比较洋画更好一点,以他的大胆而爽利的笔法,画国画或者更相宜一点,而他从自然观察把握新奇的画材,也是极正当的研究态度。

在南归之前,陈君说在最近时间也要把他这次在上海个展和在汕头的新作品,一起搬到南中国的广州去展览,目的是想得到识者的高明的批评,这实在很有意义的。

《中山日报》1937年2月26日

对于陈文希画展的感想

陈抱一

陈文希先生,是我最近会到的一个在艺术上努力前进的年轻作家,在他这次发表作品之前,我已看见了他若干的作品,最初看见的是几幅水墨画,后来又看见少数的油画。

我对于他的作品,是最初的印象,现在且照我所感想到的意思说述一下。

陈氏对于墨水画的研究,似乎极有兴味。

这次他的发表,大约也是以水墨为主。我看他所绘的禽鸟、鱼类等的作品,都觉得很有活跃之气。他的笔势,很自然,很雄健,现在的成绩,或许尚未达到他所满意的画境,然而看他绘法上的精神,却掩不住这个作者是具有一种雄厚而纯粹的特质。这一点很重要的要素,我是从第一印象所感到的。

他用水墨法,亦即所谓"国画"的一种材料来制作。但所绘的对象,都有着相当的"自然"的根据,也就是由"写生"入手而试行改革从来惯于模仿的中国画的制作法,这是很合理,而且也是极有意义的一种努力。

要之,陈氏有极好的素质,不久的将来,他的研究必有更大的进步,是可预料,也是我所厚望着的。

一方面,陈氏对于艺术运动,也似乎有相当的意力和抱负,我希望他同时在这一方面也向前努力下去。

《中山日报》1937年2月26日

艺术及艺术家之种种——陈文希及其作品谈片

吴其敏

艺术家是生命之秘密的揭露者,同时也就是社会之真实的解剖者。艺术不惟在声色香味上完成,它超过一切感官的桥梁,把握住所有时间与空间,在每一个"存在"之具象的小点建立它最大的使命。

花怎样开,水怎样流,朝雾如何掩盖大千的面目,夜雨如何针刺人们的肺腑,这些都会给予人一种快意的力,一种余裕的情思。无论是痛苦的、辛酸的、欢愉的、刺激的与挑拨的麻醉的。

于是乎,艺术充满了人心,艺术充满了宇宙。而探求艺术、揭露艺术,无论是一根笔、一片颜色板、一根绣针、一架琴……它都会在一个艺人的意志指挥之下在稿纸上、画布上、绫罗上、空气上……画出了生命的轮廓,画出了社会的影像。

艺术不惟是美的创造,同时也该是真与善的完成。光与热、香和爱,一般都是艺术的核心。懂此等道理者谓之艺人,实践此等道理之创造者,谓之艺工,艺人而兼艺工者谓之艺术家。

但是社会偏有许多不合理的事:作为艺术工作者不懂艺术!这就使艺术受了侮辱,蒙了尘泥。而且往往有人以此作为艺术的借口。

艺术家不该糊里糊涂的生活,在糊里糊涂的生活中只有糊里糊涂的作品可以收成。因为艺术的心意不但与实际生活有关,一起也与造成生活环境的庞大社会有关。艺术家没有健全的生活意识,当然就没有健全的艺术作品。因之努力为艺术家,必须先努力而把握正确的生活意识——人生观、社会观。这需要严肃的学习,因为艺术乃是一种艰苦的工程,而且艺术本身就是一百个严肃!

艺术是一个巨匠，单单凭借所谓不可思议的力——人类的智慧，这是不够的。从希腊、罗马的市民艺术，通过教会艺术，通过十五六世纪的文艺复兴时代及这以后的贵族艺术，以至这现代主义的今日与前途，这其间变幻不少，沿革亦多，但是你可以找寻出一条线，你可以看出这些艺术的后面隐藏着些什么？其间不仅是艺术家的智慧、的烟士披利纯，其间有时代生活的阴影，有个庞大的社会。

欲于今日而论艺术家，我以为必得以上面所述说的为准绳，夫而后始能合理。

性情、境遇，以及所受的教养之不同，产生了许许多多不同典型的艺术家。然而我们不管，我们要抓住不放的，是各个不同典型的艺术家，必须共具的一种普遍人格：光明的追求，叛逆的实践。高剑父、刘海粟、林风眠、徐悲鸿辈之所以成功，就成功在他们的勇于叛逆，勇于探求光明。但谁能说他们是同在一个性情境遇与教养之下生长起来？又谁能说他们以不同之身而成就有了高下？

青年画家陈文希，拟出其中西画作，开个展于五羊，行将编印特刊，索文于我，欲我不稍留情予以批判。个展未开，而文希作品，前此我已数见。文希不喜我瞎捧其场，而为人乱拍，向非所敢。认真来谈，则我又为绘画艺术的门外汉，那将如何是好？

我以为文希的成就，在国画较之西画为优。作画的技巧，不肯沿袭前人的旧道，这是他的叛逆的实践；作画的题材，不肯蹈赴前人的窠臼，而能别出蹊径，超出花鸟虫鱼，渐进于实际生活的境界，这是他艺术意念的开拓，也是发轫于光明的追求的第一步！

从作法言，文希的国画用的是西洋画学的形理技术，但却沙里淘金地保留着中国画学之精神意境。从作风言，文希的国画是摆脱了中国画学的拘谨、狭隘，而接纳了西洋画学的奔放、自然。

文希之易有成就，在于他懂得艺术，在于他的了解艺术四周一切影响与关联。前些时他仅仅是一个生命之秘密的揭露者，近几年的努力，使他渐渐成为一个社会的解剖者。这是由于他对艺术理论探讨的心得，也是由于离开艺术本身的天地，而把视线投射到艺术背后一个庞大的社会之间！不过,后者的努力还仅仅是个发轫,我希望他有个进展的前途。

我永远记得匈牙利玛察的话:"新的艺术态度,应当获得,并摄取那在社会的发展上作为能够适应生活的要素而出现的一切成果。"以及"新的艺术者是必须将自己的个性建立在世界之上的,他们是使自己自身在宇宙的规模之中普遍化着的"。

文希要成为一个健全的艺术家,他还需有个更大的努力！学习、观察、体验……作为一个人的智慧是不够的。然而智慧却不是无用的东西,它是可入熔炉的铁。

久已不写板着脸孔的文章,但为了一向以友情切望文希的成就,对此一番个展,表示莫名的欣愉,爰有所说;若谓时至今日,作者仍未肯与此等笔墨结缘,则未免冤哉枉也！

《中山日报》1937 年 2 月 26 日

题在文希个展之前

张一凡

政治经济与艺术,表面上看来似乎是两件断然不同的东西,可是事实上它们不但有共通的地方,而且客观的力量,还在使他们比前更加的接近起来,这从木刻的盛行、漫画的新的转向上便可见出。

我是一个从事政治经济的人,但是以前我对艺术有着很密切的关系,就是现在、以后,我都不能远离艺术的,其中尤以绘画与音乐,更是我心爱的。

以绘画来说,我以为它不能离开二个基本条件,这二个基本条件便是时代与自然。

一件没有时代性的艺术作品,它的技巧虽然臻于神化的境界,但它的价值是等于零。这个原则可以应用在一切的艺术上,而不单是绘画。但国内从事绘画的作家们似乎对这一原则尚未有注意到。他们专在构图上、颜色上用功夫。目前的木刻、漫画虽然渐渐地跟着时代走了,但是这力量尚不够,尚有待于一切的画家们的努力。

讲到自然,好像一切画幅,都离不了自然似的。一切画家都或多或少的与自然接近。但事实上,在画家的画幅上所表现的,只是画幅上的"自然"而已。许多的画家尚不能真切地与自然接近,与自然融合在一起,特别是中画。许多的中画作者,他们只在自然的外皮上兜圈子,他们画面上的自然,是一种虚构的自然。这确是一个大的毛病。

陈文希先生的绘画,以前我虽然未曾鉴赏过,但新近我却有了一个鉴赏的机会。如果以我在上面所提出的二个基本条件来批评他的画,那就得到如下的结论:陈君的画面尚缺少时代性;至于与自然的融合一点的而言,他是很美满地达到了,尤其是他的中画。

　　陈君要我写一篇题词之类的文章,我在百忙中便说了上面这一些话。这些话,我是站在一个从事政治经济者的立场上而发出的,恰当与否,尚有待画界诸君指教。

《国华报》1937年2月25日

我对于画家陈文希先生的认识

方永福

中国艺术已经走上了新的途程了,这凡是稍能留心中国艺坛现况的人,总不会否认这是一种事实。

一件有价值的艺术作品,在它的作品的本身,是有它的独特的创造,能显示出时代的特质与艺人的个性,而给予欣赏者以一种共同的灵感的。

中国艺术,自隋唐以迄清代,陈陈相因,绝少伟构佳作。论者谓为中国文化艺术之黑暗时期。十数年来,中国新兴作家对于时代的意义已有了认识,所以大家致力于创造,一洗以往摹临抄袭之习气,于是中国的绘画的面目,焕然一新。

岭东画家陈文希先生,为一具有时代性与创造性之天才画家,为新兴艺术作家之健者,也为我所认识的画家中之最杰出之一人。我之认识他,远在七八年以前,当时他那种为艺术而艺术的忠诚态度,及其对于绘画技术之刻苦锻炼,早料其有惊人的成就。前年先生出其作品于京沪展览归来,晤面汕岛,获见他近作若干帧。他的独逸的天才,革新的、创造的成分,横溢着每一幅的画面,我除敬佩外,实不能妄赞一词。

我对于艺术没有素养,压根儿是一个门外汉,对于先生的作品,只能为有限度的欣赏,当然谈不到批评。这次先生因赴桂林主持画展,道过羊石,举行个展于省民教馆,笔者适旅居广州,异地相逢,弥增亲切,很想趁此机缘,来一谈先生治画的精神与其作画的基本方法,借以就教于先生,及先生之友好者。

前面说过,陈先生是为艺术而艺术者,他为人温和而沉毅,天分极高,且能刻苦地去从事技巧的锻炼。他埋头研究绘事,十年如一日,每一作品,都是他心血的结晶,在在都可看出他的天分与匠心的交织。盖不朽的杰作,仅恃天才是不够的,最要的还是学问与技巧的磨炼与匠心的经营。左思《三都赋》,闭户作了十年;欧西的艺术家,一件作品的制成,也动需数载。他们之所以能成功为不世名作,就是建筑在这继续不断的苦心研究的精神上面。每见世人作画,伸纸、磨墨,一挥立就,不是粗制滥造,便是摹拟临描,不足以言艺术的价值。先生的作品,我们从他的精审的构图、凝练的笔法,使我们得以了解他的治画的精神之所在。他有如此成就,自然不是倖得的事。

一个时代有一个时代的特质,一个人有一个人的个性,我们所见到的自然,有我们的感情,有我们的世界。如果一个画家,只知埋头作画,而忘记了目前的自然环境,一味临摹抄袭,或者理想的独创,那只见其徒劳无功,而其作品的内容,一定空虚而不充实。先生作画的方法之所可贵,就是能弃去历来绘画的一般陈腐法则,而用眼去体察自然,拥抱自然界的一草一木。人世间的万事万物,渗合了他一己的生命力,——蕴含于毫端而挥写于纸上,因此他的每一件作品的内容都是他生命的活力的表现,为新的时代的产物。

先生的艺术,是日在新的路程中迈进,他有好的基础,他现在正当年青时期。而有这样的成就,将来的收获,更不可以道里计。闻先生近有志游学欧洲,再求深造,我希望他的壮志得酬,为我国正在发扬中的文化艺术放一异彩。

《国华报》1937年2月25日

略论文希之创作

黄泽浦

昔苏东坡《书鄢陵王主簿所画折枝二首其一》诗云:"论画以形似,见与儿童邻。赋诗必此诗,定非知诗人。诗画本一律,天工与清新。"苏子为一代文豪,议论所揭,戛然独造,"天工与清新"一句,不特足为文艺批评之权衡,且亦可以作创作之准绳。诚以非有天工之力,则作家精神无由表现,精神不寄,风格难成,无风格之作品即为无性灵、无创造性。文艺作品如无性灵、无创造性,焉得复有清新之神采?天工之后所以继之以清新者,盖非如此则内容与形式犹未可谓为臻于极境也。

难哉,苏子此论!于岭东艺坛欲求其能具有此二特色者,鲜矣。苟必欲推擢一二以示吾潮艺苑并非寂寞无人,则管窥所及,王君显诏与陈文希二人之作,差可当之。王氏山水之作,冲澹清远,饶有诗意,颇能具备"东方精神"传统之优美,然其神采风味,非生活闲适、情致超逸者未易感悟。其具有充分工力与清新之美,且能昭然表见于画面,为雅俗所共赏者,则唯陈君文希一人而已。

陈君文希之创作,论者大率均谓性灵与工力兼擅其长,此论殊非过誉。10年来,陈氏所有作品,笔者大都均尝欣赏,而所得印象最深者,即为其画面上充分表现之创作特性与浑厚魄力。吾人苟欲洞悉陈氏之特色,必须就其运笔与构图两点上详为揣研,然后乃可明其成功因素之所在。陈氏最精动物绘描,笔下所就,无不栩栩如生,极新颖之风致;审其所以至此者,有情思独到之意匠与自然雄浑之笔法耳!统观其所有创作,无一笔不合气力,无一物不具精神,其风格之浑健,类似江风寨幽谷,直欲令人心神为之振奋。此种特征,不能不谓为极富现世纪之精神也。

陈氏不特有此独到之工力,且往往又能以巧妙之心机出之。观其画面,布局与结构同其新鲜、同其精紧,凡观其画者每于此深致感慨。诚以同一景物,他人取而用之,结果殊不生动,殊不能尽景物所可象征之意味,何独一入陈氏之手,乃峥然而有殊状? 其故无他,以其有新鲜之布局与精紧之结构而已耳。余每观陈氏绘画,见其未下笔之前,常对纸幅凝神注睇,或则握管而上下比量,甚而倚徙搔头,欲动又止者再。可知其着墨用笔固丝毫未敢苟且也。惟其经心至诚,故所出乃无俗态,乃无凌乱错置之病。此又为欣赏陈氏者所不可不留意者也。

尤有进者,陈氏作品之最大价值,莫若其能冶中西画法于一炉而以个人独具之风格出之。此一成就显非脱胎于古代文人画法之作者所可望其项背。吾国古代文人画法,率皆重物状不重章法,重神韵不重情采,重寓意不重特征,近代艺术学者每引为诟病之点。陈氏作品虽多数为国画,然皆能一革旧法,规以新范,故了无文人画一般之通病,而有脱拔高标之气象。10年前余曾以此质诸陈氏,谓中西民族精神不同,欲混中西画法与一体,宜乎可乎? 当时渠谓将竭力以试之。今见其所作之画,确乎别具风采,殊足令人心折也。

陈氏精力交淬于艺坛者垂20余年,往者个人独开展览已数次矣,然每再一次,其出品必有长足之进步,足觇其努力迄未稍懈。陈氏平生从未轻易以所作予人,其意非吝,盖不欲人妄事传诵也。余于艺术素乏研究之功,然于陈氏创作之勤与其成就之大,深致叹佩,故敢不愧浅陋,略抒管见,献于陈氏作品之爱好者。

《岭东民国日报》1943年10月10日

介绍陈文希先生画展

王　隐

今年元旦陈文希先生在汕头举行画展，因系多年朋友，略知一二，特作介绍如下：

提起揭阳陈文希先生来，真是大大有名！他作画，一年又一年，一天又一天，到如今算来，已经 20 年开外了。单凭这股子蛮劲傻干，要是运用这 20 多年的光阴作生意买卖，也早就发了财；或者往党政军里面钻，也早就功成名就。然而他不，一切的名和利，都不在乎，默默地，一笔复一笔，朝朝与暮暮，在画来画去。画花卉，画翎毛，画人物，透过中国画法的原理，运用现代的新手法，将他的心血灵感，描绘在横直大小的纸张上，使人读后，有时心头感受重压，有时觉得轻松，有时使人愉快，有时让人憧憬。总之，文希先生的情感，早和观众起了交流，而达到社会化的阶段了。

本来，艺术就是感情社会化的方法。如以文字表现的文学、以声音表现的歌唱和音乐、以运动表现的舞蹈、以具体事物表现的雕塑和建筑、以色调表现的绘画，等等，都是艺术领域中的一个部门。文希先生所作所学的，是以色调表现感情的绘画。

天底下地上边的事，除了有钱花掉最容易之外，可以说要做成一件于人于己而有裨益的事，实在没有一件是容易的。更何况是艺术，要是作到人人说好，那非具有宗教家的虔诚、军人的勇气、商人的耐性、革命家的牺牲精神不可。其实单凭这个，还不能成功，仍需有横溢的天才，加上苦修苦练的工夫。说句经典上有据的话，那就是"知其不可而为之"的精神，也就等于日本的大文豪厨川白村所说的："呆气力"。这不是捧场或者瞎吹，文希先生就有这股子傻劲儿，在这个做买卖放高利贷能赚钱的时代，他不去想法子赚钱,却干这个好看不好吃的工作,那实在太难了!也正因为如此,他有了成就;他的成就,虽非神品化境,然而已能登"大雅之堂";再加努力,到北平上海,多与名家观摩,多读书,多游览名山大川,多历世变,多看中外名作,进步到炉火纯青,非不可能。

广泛些说,画的对境和文学的对境是一样,都较其他部门的艺术为独多。举凡汹涌澎湃的海洋、巍峨嶙峋的山岳、滔滔东去的江河、千变万化的流云,鸣虫歌鸟、鱼鳖虾蟹、千年老树、风前小草、断水残山、枯树昏鸦,庄严的庙堂、平凡的市尘、娇艳的红花绿叶、深秋的败荷衰芦、人间的悲欢离合,黑暗与光明、正义与强暴,以及人间的千态万状,无不可以在画家着色的笔下轻描淡写,或酣畅淋漓地表现出来,给人一种除了愉快之外更多更深的启示。这就需画家以合理的方法,怎样处理他所摄取的题裁了。于此,可以说文希先生的画,除了花草虫鱼之外,其所作人物,已经接触到现社会的边沿,使人读后心理上感到一种重压,这是力的表现,也是正义的升华。所以不必一一评述,综合说,文希先生的画之题裁,颇为广泛,足见他的兴趣是多方面的;人生凡可以入画的,作者无不广容并包,不分轩轾,勿论何物,到其手则成春,信手拈来,都成妙绘。所以致此之由,在于作者不违背国画的原理,又渗透过新方法,然后才可以仔细度量各物之远近大小,审度又审度,尝试复尝试,以臻于确实。故其配景、比例、光暗等等,均相适宜,用能在一张平面的纸上,绘出一立体的真象,这就是艺人的任务!

《大光报》1948 年 1 月 15 日

文希之画

黄泽浦

论画而必绳之以六法,这是腐儒之见;论画而以气魄及创造力为评据,乃是现代一般进步的见解。论文希之画若以后者为标准,则可以见他的精工、他的独到。

其实,凡真正精美之画,无有不合六法者。能达精美,乃在能否于法则中独辟蹊径发挥创作精神之一关键。这就是所谓"超以象外,得其环中"。曾忆苏东坡有诗云:"论画以形似,见与儿童邻。赋诗必此诗,定非知诗人。诗画本一体,天工与清新。"

个人对图画原属门外汉,但观摩陈氏的画日久,始终感觉到,天工与清新这两个衡准,用以批评文希,真是恰到好处。这亦就是陈氏画格之特色。

表现天工须具两个条件:一个是资质,第二是功夫。无资质绘不得好画,乏功夫当难成大家。把文希的画摊开一看,无论在设局、在笔法、在气骨、在风采,都可见出作者是富有天资与功力的。具此两个优点,再加上意匠与神韵,于是乎陈氏之画遂有独到之成功矣。

《岭东民国日报》1948 年 11 月 26 日

画人行脚——送文希南游

谢海若

文希是现代中国不平凡的画家,他的作品,常在国内各地展览,博得一般人的好评,都认为不同凡俗;但多知其然,而不知其所以然。我与文希交游已久,又属同行,故知之较详,为了使大家对他有更深的认识,明了一个画人之所以成功,能够在画坛上有所贡献,并不是偶然的事,故在这里把他概括的轮廓描画出来。

他远在20年前,正当一般人在赞扬国粹盲目崇拜、自以为国画了不起的时候,他却沉着隐重不声不响地在奠定他的绘画基础,锻炼他的写实功夫。然而他不是否定国画的价值,知道古人的努力,生命的结晶,当然"自有千秋"。但后之视今,亦犹今之视昔,今不足贵,古何足重,古人的遗产,有精华,亦有渣滓,倘没有批判精神,不能扬弃,囫囵吞枣,徒事抄袭,简直对古人无条件地投降,等于奴隶,便不是现代的画家。于是他大胆地挺身独步,运用西画的技巧创作中国画,孜孜不倦,手不停笔,20年如一日,另辟自己的途径。鲁迅先生说:"路本来是没有的,人走了以后才有路。"他居然已辟一条新的道路来了。

他开始是师法自然,把自然作为他的范本,穷其理,尽其态,把它表现在画面上,活泼生动。尤其虫鱼禽鸟,更栩栩欲生,飞跃于纸上。他熟识构图学,不为旧章法所囿,无论宽狭长短、疏密间隔,处处都合乎构图的原则。更喜用色彩,缤纷华丽,每一幅画都能注意调子的节奏,故空间的感觉,气氛非常浓厚,这是难能可贵的地方。他以此追求自然,欲穷其奥妙,不断地努力,才有今日的成就。他可说是现代中国画"自然主义"的作家。

他知道要做一个画人,必须"行千里路,读万卷书",使视野更广阔、胸怀更旷达,以涵养其浩然之气,这是他这次要作南洋之游的目的。从前俄国的盲诗人爱罗先珂,到了南洋,吟味着那热带的情调,说南洋是音乐的。我想文希到了南洋,眼见那热带的风物,定说南洋是绘画的。可惜一般人去来南洋都为牟利,对于南洋丰富的色彩、新鲜的情调及其风土人物,都未能描写其万一。像巴厘岛就有许多西洋画家在那里流连过,我们的画家,虽然身历其境,怎么熟视无睹呢!我相信文希到了南洋,当比走入山阴道上,更叹其美不胜收,挥动画笔,制成佳作,把南洋带回来,以供雅俗共赏。

《岭东民国日报》1948 年 11 月 27 日

行矣文希！勉哉文希！

黄勖吾

余自弱龄进学，辄喜临池，稍长，略嗜绘事。廿年来沧桑频易，人事纷纭，泼墨挥毫，虽未中辍，抹绿研朱，实乏暇晷；然花晨月夕，饭罢公余，对寸缣尺幅、秋萼春葩，固未曾不悠然神往也。

窃谓写画如写诗，须有法又须无法，须无我又须有我。盖有法故能入于规矩方圆之内，无法胥能拔于规矩方圆之外，得其寰中，超以象外，斯臻化境。又无我故能虚心体物，有我故能以胸中逸气，写宇宙万物，而以一切物象，陶泳于我。石涛《画语录》云："至人无法，非无法也；无法而法乃为至法。凡事有经必有权，有法必有化；一知其经，即变其权；一知其法，即工于化。"王国维《人间词话》云："诗人必有轻视外物之意，故能以奴仆命风月；又必有重视外物之意，故能与花鸟共忧乐。"均属切中旨要。

文希天资放逸，悟力过人，曩岁负笈申江，对西画已有相当造诣，此后于我国历朝名作，无所不窥，且以东洋绘法参透国粹，冶中外于一炉，集刚柔而同化，点画清真，气韵生动，写花卉如浮其香，状禽鳞各肖其态，笔情纵恣，墨沈奔流；似有法而无法，既无我而有我，洵得艺苑三昧已。

文希现将挟其佳作，漫游南洋群岛，余喜其负有宣扬我国艺术、温暖人类心灵之使命，且知此行必能以天风海涛助其画思，以椰雨蕉云拓其画境也。

行矣文希！勉哉文希！

《岭东民国日报》1948年11月29日

编后记

  1923年7月,也就是100年前的这个时间,年轻的王显诏作为上海大学美术科图音组首届毕业生从校长于右任手里接过毕业证书,成为潮汕地区最早学习西洋美术和西洋音乐并获得毕业证书的专业人才之一。没有丝毫犹豫,他就返回故乡潮州,接受了广东省立第二师范学校校长方乃斌的聘请,担任学校的音乐老师。此后又担任图画、音乐、文史等课程,一直工作到1952年病退,是韩师历史上任教时间最长的老师之一。期间还兼任过广东省立金山中学、潮州义安中学等学校的音乐和图画老师,为潮汕地区的美术和音乐教育事业做出了杰出贡献。今年是韩师建校120周年,也是王显诏先生逝世50周年,编辑这样一本小书既是对先生的纪念,也是为建校120周年献上一份礼物。

  我对王显诏先生的关注始于两年前收集整理我校杰出校友詹安泰先生的佚诗文作品,当时通过阅读相关文献,写了一篇关于詹安泰与王显诏二人之间交谊的小文章,对王显诏有了进一步的认识。作为韩师的老前辈、杰出校友,虽然其后人先后整理出版了《纪念王显诏先生诞辰一百周年》(香港天马图书有限公司,2002年)、《王显诏书画选集》(西泠印社出版社,2015年)两部书,但遗憾的是,前一种书不仅舛误众多,编辑不尽合理,而且也漏收了不少文字作品。本人认为以王显诏的博学多才、地方影响力及其在韩师美术教育史上的贡献,编纂一部全面反映他文学艺术修养成就的集子是合适的。这本书不仅仅是为地方保存文献,也具有一定的学术研究价值。基于此,从前年开始,我就留心这方面的工作,希望能够赶在校庆120周年,也是王显诏先生执教韩师100周年、逝世50周年这个重要时间节点,为先生、也为学校献上自己的一份纪念礼物。

然而,接下来的资料收集工作并不顺利,一是疫情影响无法外出查阅资料,二是民国时期相关文献保存不善,三是个人的疏懒,所以呈现在大家面前的就是这样一个本子。王显诏先生的文字,以诗词部分散佚比较严重,如抗战时期,在揭阳古沟韩师办学地,先生与同事好友共同组织成立了一个颇有影响力的诗社——"诗巢",先生创作数量颇丰,可惜大部不存。据韩师毕业生也是诗社成员的蔡起贤先生回忆,当时诗社作品曾经结集为《磐沟片叶集》,今已不存。另据其后人告知,王显诏诗文生前未曾结集,手稿也在去世后完全散失。需要说明的是,本书后面附录部分的内容,一是1937年由潮安陈说义编次、潮安吴长坡校刊、汕头市自强印务局承印的《王显诏先生法绘诗词集钞》,收录了80余家当时为王显诏绘画题词者,内容颇为珍贵。二是现当代人所写关于王显诏的评论、回忆性文章,其中也包括编者的3篇小文章。三是征得上海大学出版社同意,将王显诏的同事兼好友,后来成为新加坡著名绘画大师的陈文希的部分民国文献材料附录于后,以资参考。

此书编纂过程中,首先得到了王显诏先生后人的大力支持,虽然并无新材料补充,但他们的肯定与授权是编纂此书的前提。其次,韩师图书馆陈俊华研究员、潮州市图书馆陈贤武先生为我提供了不少有关信息,揭阳博物馆则提供了王显诏先生唯一传世的篆刻作品集《王显诏铁笔》,尤为珍贵!最后,本书的出版得到了文学院周录祥院长主持的"岭东文献整理与研究"项目资金的支持,保证了课题的顺利进行。书稿编辑完成后,韩师原校长、著名方言学家林伦伦教授慨然允诺为这本小书撰序,上海大学邹西礼先生为此书的出版也付出了辛劳,在此一并表示真挚感谢!

2023.7.12